LEÃO XIV

Título original: *Léon XIV: Le successeur inattendu*
Copyright © 2025 by Groupe Elidia
Éditions Artège
9 espace Méditerranée – 66000 Perpignan
10 rue Mercoeur – 75011 Paris
www.editionsartege.fr

Direitos de edição da obra em língua portuguesa no Brasil adquiridos pela Petra Editorial LTDA. Todos os direitos reservados. Nenhuma parte desta obra pode ser apropriada e estocada em sistema de banco de dados ou processo similar, em qualquer forma ou meio, seja eletrônico, de fotocópia, gravação etc., sem a permissão do detentor do copirraite.

PETRA EDITORIAL LTDA.
Av. Rio Branco, 115 – Salas 1201 a 1205 – Centro – 20040-004
Rio de Janeiro – RJ – Brasil
Tel.: (21) 3882-8200

Dados Internacionais de Catalogação na Publicação (CIP)

H517l   Henning, Christophe
      Leão XIV: a vida do novo papa e seus desafios à frente da igreja/ Christophe Henning; traduzido por Hugo Machado/ apresentação de Pe. Reginaldo Manzotti/ prefácio à edição brasileira por Mirticeli Medeiros/ prefácio à edição original por Cardeal Jean-Paul Vesco, OP. – Rio de Janeiro: Petra, 2025.
      160 p.; 15,5 x 23 cm

      Título original: *Léon XIV: Le successeur inattendu*

      ISBN: 978-85-8278-235-4

      1. Igreja católica – papado. I. Machado, Hugo. II. Título.

                                          CDD: 282.092
                                          CDU: 262.13

André Felipe de Moraes Queiroz – Bibliotecário – CRB-4/2242

Conheça outros
livros da editora:

CHRISTOPHE HENNING

Apresentação de **Pe. Reginaldo Manzotti**

LEÃO XIV

A VIDA DO NOVO PAPA E SEUS DESAFIOS À FRENTE DA IGREJA

Prefácios

Mirticeli Medeiros

Cardeal Jean-Paul Vesco, OP

Tradução

Hugo Machado

petra

Créditos das imagens

Capa: © 2025 Marco Iacobucci Epp / Shutterstock

Caderno de fotos:
Páginas 1, 2 e 3 – Wikicommons
Página 4 – 2023 Vatican Pool / Getty Images
Página 5 – Christopher Furlong – Vatican Pool / Getty Images
Página 6 – Francesco Sforza / Vatican Pool / Getty Images
Páginas 7, 8 e 9 – © 2025 Marco Iacobucci Epp / Shutterstock
Página 10 – Alessandra Benedetti – Corbis / Getty Images
Página 11 – Ernesto Benavides / Getty Images
Página 12 – Vatican Pool – Corbis / Getty Images
Páginas 13 e 14 – Vatican Pool / Getty Images
Página 15 – Wikicommons
Página 16 – Wikicommons

Sumário

Apresentação – Pe. Reginaldo Manzotti ... 9

Prefácio à edição brasileira – Mirticeli Medeiros ... 13

Prefácio à edição original – "O Espírito deixou sua marca" ... 17

Introdução
Um papa para o nosso tempo ... 19

Primeira parte
***Habemus papam*: Leão XIV** ... 21

    Capítulo 1
    Habemus papam! ... 23

        Primeiras palavras
        "Que a paz esteja com todos vós!" ... 29

    Capítulo 2
    Leão XIV, um papa norte-americano ... 33

Capítulo 3
Um papa para o mundo — 47

    Primeiras palavras
    "Tu és Pedro, e sobre esta pedra
    edificarei a minha Igreja" — 53

Capítulo 4
Sete cardeais que (ainda) contarão — 59

    Primeiras palavras
    "A autoridade que temos é servir" — 69

Segunda parte
De um papa a outro — 71

Capítulo 5
Os últimos dias do Papa Francisco — 73

Capítulo 6
Lições da História — 83

Capítulo 7
Cardeais de todo o mundo — 89

    Primeiras palavras
    "De Cardeal Prevost a Papa Leão XIV" — 95

Capítulo 8
Um conclave bastante secreto   97

Terceira parte
Os desafios da Igreja   103

Capítulo 9
O estilo de Bergoglio como legado   105

Capítulo 10
Os doze trabalhos do novo papa   113

Capítulo 11
Seis desafios em escala mundial   133

Capítulo 12
Leão xiv, o papa do apaziguamento   145

Primeiras palavras
"O caminho da Igreja"   151

Conclusão   155
Cronologia   157
Bibliografia   159

Apresentação

Pe. Reginaldo Manzotti

O papa, quem quer que seja, não é apenas um ator a mais no cenário político mundial. É verdade que todos se voltam para ele quando há situações difíceis entre as nações, mas para nós católicos — e também para todos os homens e mulheres de boa vontade — ele é, antes de mais nada, um pai espiritual. Sua função é guiar-nos como um bom pastor, é dar a vida por seu rebanho, é confirmar todos os fiéis na fé, é buscar sempre a unidade na diversidade. Em resumo, é fazer as vezes do próprio Jesus entre nós. Foi por isso que Santa Catarina de Sena dizia que o Santo Padre é "o doce Cristo na terra".

Quando anunciou-se ao mundo, portanto, que Leão XIV havia sido eleito, meu coração transbordou de alegria, a exemplo do coração de católicos dos quatro cantos do planeta. Não estávamos mais órfãos! E logo, já quando de sua aparição na sacada da Basílica de São Pedro, o perfil do Santo Padre foi nos cativando: víamos um homem emocionado, ciente do peso do seu ofício, mas já zeloso por todos nós. Tanto é que a primeira palavra que saiu de sua boca foi *paz*.

APRESENTAÇÃO

É de paz que o mundo precisa, é de paz que os corações precisam... E, como essa paz é fruto do Espírito Santo, que conduz a Igreja, o Santo Padre certamente se empenhará ao máximo para que a paz reine.

Leão XIV é agostiniano. Por conta de seu trabalho na Ordem de Santo Agostinho, chegou a estar no Brasil, muito perto da gente. Nas redes sociais já circulam fotos de sua atuação junto ao nosso povo. Some-se a isso sua atuação no Peru, e podemos ter certeza de que no coração dele há um espaço todo especial para nós da América Latina. E, em troca, sentimo-nos felizes e empenhados em rezar pelo seu ministério.

Este livro, o primeiro sobre a vida e o ministério de Leão XIV, chega para fazer-nos conhecer ainda mais este homem que foi chamado a ser um novo Pedro. E o faz da maneira como se deve fazer quando se trata do ministério papal: sem pautar-se por ideologias e politicagens, mas considerando os desafios — naturais — que a Igreja enfrenta em suas relações internas e em suas relações com o mundo. O papa não é um agente de propaganda, mas um pastor. E terá muito trabalho pela frente.

Filhos e filhas, cabe a nós ajudá-lo. E como? Em primeiro lugar, por meio da oração, que tudo pode. Ao longo dos séculos, a Igreja sempre rezou pelo Papa. A cada celebração eucarística, em cada altar do mundo, a memória do Papa é feita em oração. Essa prece é muito mais do que um gesto ritual ou mera formalidade; ela existe porque a Igreja reconhece que precisa de seu pastor e espera que o Papa ofereça orientações diante dos desafios do mundo moderno, sempre à luz do Evangelho. Na Oração Eucarística, o nome do Papa ressoa nos lábios dos sacerdotes como um sinal de comunhão e um lembrete de que estamos unidos, não por afinidades humanas, mas por um laço espiritual profundo: a fé apostólica. Rezemos sempre por ele; sabemos que sobre seus ombros repousa uma missão que nenhum homem carrega sozinho — mas com a força do Espírito Santo. Depois, evitando divisões bobas que ferem a unidade da Igreja. Por fim, fazendo ecoar suas mensagens. Muitos tentarão distorcer o trabalho da Igreja, o anúncio do Evangelho. Foi o que fizeram com os apóstolos, com o próprio Cristo! E certamente o Papa conta conosco para que a mensagem sempre viva do Evangelho seja eficaz: "Ninguém acende uma lâmpada para cobri-la com uma vasilha" (Mt 5, 15), lembremo-nos!

Sejamos uma Igreja viva, alegre e cheia de esperança, que se une para que este pontificado de Leão XIV seja fecundo.

São Pedro, intercedei por esse pontificado! Virgem Maria, Mãe da Igreja, rogai por nós!

Prefácio à edição brasileira

Mirticeli Medeiros

8 de maio de 2025.

Nós, jornalistas veteranos reunidos na Sala Stampa da Santa Sé, acompanhávamos, pelos telões posicionados naquela espécie de arena jornalística, a simpática família de gaivotas que roubava a cena ao lado da famosa chaminé instalada no telhado da Capela Sistina.

Essa chaminé, conectada a uma estufa onde são queimados os votos dos cardeais desde os anos 1800, anuncia ao mundo a escolha do novo bispo de Roma. A tradição teve início no Palácio do Quirinal — atual sede da Presidência da República Italiana, mas que, entre 1583 e 1870, foi uma das residências de verão dos papas. O último pontífice a habitá-lo foi Pio ix (1846-1878), também anunciado ao mundo pelo "sinal da fumaça".

Até 1914, produzia-se apenas fumaça preta, indicando que ainda não havia consenso entre os cardeais. Quando o papa era eleito, a fumaça dava lugar ao soar incessante dos sinos das igrejas romanas. Pela intensidade dos toques, compreendia-se que: *habemus papam!* Ainda assim, a ambiguidade permanecia — em Roma, os sinos tocam com frequência, e não era fácil distinguir a mensagem.

Para tornar mais clara a notícia da eleição, introduziu-se, a partir do pontificado de Bento xv (1914-1922), a fumaça branca, já com a chaminé instalada sobre a Capela Sistina.

Mas voltemos à tarde de 8 de maio de 2025, para refletir sobre esse novo e surpreendente "sinal de fumaça".

Não imaginávamos que o papa seria eleito no primeiro escrutínio da tarde. Apesar de sabermos que tudo era possível, tratava-se de um conclave particularmente complexo e imprevisível, dada a diversidade do colégio cardinalício, que contava com representantes de 71 países. Projetávamos, portanto, que a eleição só se definiria no segundo escrutínio.

No entanto, assim como ocorrera com Bento xvi, a escolha foi rápida. Isso indicava que os votos, muito provavelmente, já estavam mais ou menos orientados desde as congregações gerais — as reuniões preparatórias ao conclave — em torno de alguns nomes, entre os quais o de Prevost.

De repente, Dominique Mamberti, o cardeal protodiácono, anuncia o nome de *Robertum Franciscum Prevost*, o segundo papa americano da história e o primeiro oriundo dos Estados Unidos e com cidadania peruana, de quebra.

Para surpresa ainda maior, o novo pontífice escolheu o nome de Leão xiv — um claro aceno à doutrina social da Igreja, conjunto de reflexões e ensinamentos sobre questões sociais, a partir da ótica cristã, desenvolvido a partir do século XIX.

Quando iniciei minhas reflexões sobre o conclave de 2025, enxerguei Prevost como um candidato promissor não apenas por sua trajetória missionária, critério valorizado no processo de escolha, mas também por sua notável capacidade de gerar consensos.

A história da Igreja mostra que os papados reformadores, como foi o de Francisco, costumam provocar reviravoltas. No início, tais mudanças assustam, pois lidamos com uma instituição historicamente resistente a reformas. À época, o papa argentino foi visto como o líder ideal para esse processo, justamente por ser um *outsider*, livre de amarras curiais.

Além disso, uma reforma ideal deve ocorrer *in capite et membris* — na "cabeça" (papado/cúria) e nos "membros" (a Igreja como um todo), expressão consagrada no Concílio de Siena (1423-1424), em plena crise conciliarista. Sem esse duplo alcance, dificilmente se pode falar em reforma verdadeira.

A reforma de Francisco seguiu essa lógica: *in capite* (papado e cúria) e *in membris* (com a ampliação da representatividade sinodal). Foi justamente no Sínodo da Sinodalidade — uma das iniciativas centrais da reforma, que durou de 2021 a 2024 — que Prevost se destacou como figura conciliadora e discreta, unindo sua experiência como Prior-Geral da Ordem Agostiniana ao trabalho pastoral na América do Sul profunda.

Recém-chegado à cúria em 2023, soube rapidamente compreender o funcionamento da máquina vaticana. Revelou-se, de fato, o perfil mais completo para os desafios da Igreja de hoje.

Escolhido por Francisco para liderar um dos dicastérios mais importantes da cúria — o dos bispos —, Prevost assumiu a missão de ajudar na configuração orgânica da Igreja universal. Quem nomeia bispos, em grande parte, molda a Igreja — e, por isso, também a conhece em profundidade.

É, portanto, um papa visto como continuador de uma reforma ainda em curso, mas a seu modo. Como doutor em Direito Canônico — formação historicamente associada a papas que assumem a continuidade de reformas —, ele tende a reavaliar como conduzir os processos sem trair a práxis legislativa.

Não será um novo Francisco, mas sua fidelidade ao antecessor, já evidente nos primeiros discursos, sinaliza que não haverá retrocessos. Talvez se inicie uma fase de escuta mais intensa, de promoção do diálogo, à semelhança do pontífice que o inspirou, Leão XIII.

Este livro se propõe a explorar as principais características desse homem moderado e discreto que assume a missão de ser uma autoridade moral em um mundo fragmentado — e, com isso, ajudar a compreender melhor o papado e sua relevância na sociedade contemporânea.

Prefácio à edição original

"O Espírito deixou sua marca"

Participar de um conclave é uma aventura humana e espiritual de que ninguém sai ileso.

Intuitivamente, eu sabia caber a nós encontrar, entre os 133 cardeais que éramos, aquele que já havia sido escolhido, preparado para essa formidável missão de suceder o apóstolo Pedro num século XXI globalizado. Lá estava ele, naquela sala trancada a chave. Cabia a nós descobri-lo com o pouco que sabíamos uns sobre os outros, com nossos pequenos e grandes cálculos, com nossas diferentes sensibilidades eclesiais, com nossas esperanças e sonhos para a Igreja de hoje e amanhã. Eu também sabia que o Espírito Santo estaria em ação, mas não estava seguro do modo como isso se daria. É preciso dizer que Ele parecia nos deixar à vontade durante as Congregações Gerais que antecederam o conclave.

E então ele apareceu inesperadamente no meio de uma votação: o nome do Cardeal Prevost, repetido a cada cédula depositada, preenchendo pouco a pouco toda a Capela Sistina. E lá achava-se ele, tranquilo, a maior parte do tempo com os olhos fechados, rezando. Ele é eleito, aceita o cargo... e ei-lo aqui, o 267º sucessor de Pedro, sob o nome de Leão.

Como não percebemos de imediato as qualidades do Cardeal Prevost, tão claras hoje para nós? Talvez porque uma de suas qualidades seja exatamente esse tipo de reserva discreta e atenciosa de um homem que não cutuca, que não se coloca à frente, mas que irradia certa gentileza tingida de autoridade natural. Ou o contrário.

Como ele se impôs assim, repentinamente, sem nenhuma orientação de voto, sem fazer nenhuma negociação ou debate? Jamais saberemos. Mas o Espírito deixou sua marca na alegria confiante e profunda depositada no coração de cada um de nós. Esse é um sinal. Essa alegria confiante incendiou a praça de São Pedro e passou de pessoa a pessoa. Ela se expressa nos "agradecimentos" que são dirigidos a nós, cardeais eleitores, que fizemos tudo e, ao mesmo tempo, tão pouco.

Que belo mistério é o da Igreja, que, em sua fragilidade e, às vezes, em sua miséria, ainda permite que a luz da graça brilhe!

+ Card. Jean-Paul Vesco, OP

Introdução

Um papa para o nosso tempo

Será Leão xiv! Ao fim de um conclave muito rápido e, para a surpresa de todos, Robert Francis Prevost foi eleito o 267º papa no dia 8 de maio de 2025. Impulsionado por uma "pontuação magistral", o Santo Padre foi eleito praticamente por unanimidade. Essa é a confiança que ele inspirou nos 132 cardeais. Talvez porque, além de sua discrição, ele seja um homem de oração e um bom ouvinte para nossos tempos.

De Chicago ao Peru, ele também é o papa das duas Américas, o papa que se preocupará tanto com o Norte, que está sofrendo com sua crise de identidade e o desânimo geral, quanto com o Sul, afetado pela pobreza e pela violência.

Ele é ainda o papa da paz, palavra que usou várias vezes desde sua primeira aparição na praça de São Pedro. Em uma época em que os conflitos estão manchando de sangue o planeta, a paz é sua principal preocupação. Chegará o momento de tratar de outras questões: a crise migratória, o aquecimento global, a crise econômica, e assim por diante. Mas, acima de

INTRODUÇÃO

tudo, Leão XIV queria ser um pastor que falasse às suas ovelhas: "A paz esteja convosco."

Essa paz que ele deseja tão ardentemente para o mundo também está no centro de sua missão em prol da unidade da Igreja, que se diz dividida, dilacerada por sensibilidades muitas vezes exacerbadas, atingida por problemas de assédios sexuais.

Nas páginas a seguir, oferecemos um primeiro retrato do novo papa: um retrato do início de seu pontificado, sem esconder os desafios e obstáculos que estão por vir.

A força de Leão XIV está no tempo que lhe foi dado, aos 69 anos, para dirigir a barca de São Pedro. Vem também de sua experiência no âmbito episcopal, de sua vocação como religioso e de seu trabalho a serviço da Igreja universal. Trata-se de um papa para uma Igreja mais sinodal, mais próxima dos pobres, mais missionária. E mais evangélica.

PRIMEIRA PARTE

Habemus papam: **Leão** XIV

Capítulo 1

Habemus papam!

"Eu anuncio uma grande alegria: temos um papa!", proclama o Cardeal Dominique Mamberti, protodiácono da Basílica de São Pedro, ao revelar o nome do novo pontífice. O anúncio foi feito em latim, prolongando o suspense apenas tempo o suficiente para reconhecermos o nome do escolhido na fórmula. O novo papa é "Robertum Franciscum, Sanctæ Romanæ Ecclesiæ Cardinalem Prevost". E então o nome que escolheu é anunciado: Leão XIV.

Quinta-feira, 8 de maio. Desde que a fumaça branca surgiu do telhado da Capela Sistina, às 18h08, a praça de São Pedro se encheu de pessoas sob o som dos sinos. Mais uma hora se passaria antes que a cerimônia continuasse na *loggia* da basílica. Dentro das paredes da Capela Sistina, os cardeais saudavam e prometiam obediência a Leão XIV, antes que ele aparecesse em público — apenas tempo suficiente para que ele escrevesse o que queria dizer à Igreja e ao mundo, antes da primeira bênção *urbi et orbi*.

Sob um sol escaldante, os fiéis esperam com uma ansiedade animada para conhecer o novo papa. Antes mesmo de seu nome ser anunciado, o clamor dos fiéis aumentava. Bandeiras de diversos países tremulam — e havia até uma bandeira dos Estados Unidos, embora o jovem peregrino que a carregava não tivesse ideia da alegria que estava prestes a experimentar.

Após quatro rodadas de votação e um conclave que durou pouco mais de 24 horas, os cardeais elegeram um norte-americano, fato inédito na história do papado. É verdade: com setenta nações representadas no conclave, esse não poderia mais ser um critério: os cardeais haviam dito antes de entrar no conclave que a nacionalidade não era um fator, já que muitos outros precisavam ser pesados antes de a escolha ser feita. Além disso, não havia escassez de candidatos legítimos capazes de serem "um bom papa".

Rapidamente, a escolha recaiu sobre Robert Francis Prevost, 69 anos, religioso da Ordem de Santo Agostinho, até então prefeito do dicastério para os bispos. Pouco conhecido do grande público, ele é um homem discreto, mas sua lucidez e serenidade certamente deixaram sua marca nas Congregações Gerais. Às 19h23, ele apareceu na sacada, tomado pela emoção. Segurando as lágrimas, Leão XIV simplesmente acenou em sinal de amizade para com o povo de Roma.

"Irmãos e irmãs, a paz esteja com todos vós": essas são as primeiras palavras do inesperado novo papa, e elas poderiam muito bem descrever seu pontificado. "Esta é a primeira saudação do Cristo Ressuscitado", lembra-nos, apoiando-se no Evangelho desde as primeiras linhas deste discurso um tanto longo e fundamentado. É um homem da paz que fala. A palavra "paz" aparece várias vezes. É isso que o missionário religioso quer dizer ao mundo: "Também eu gostaria de que esta saudação de paz entrasse no vosso coração, chegasse às vossas famílias, a todas as pessoas, onde quer que se encontrem, a todos os povos, a toda a terra. Que a paz esteja convosco!"

As palavras são marcantes em sua simplicidade e em sua dimensão espiritual, antes de abordar os conflitos que assolam a humanidade: "O mal não triunfará", diz o papa. Ele trajou as vestes litúrgicas: a mozeta e a estola dos santos Pedro e Paulo, usadas por Bento XVI e não utilizada por Francisco, que se apresentou em 2013 com uma simples batina branca. Leão XIV, no entanto, prestou um vibrante tributo ao seu antecessor. Embora não tenha adotado seu estilo, adotou sua preocupação. Leão XIV vai encontrar seu estilo. Sua primeira aparição revela um homem tranquilo e sorridente, comovido por trás de seus óculos finos.

O papa recorda seu antecessor: "Conservamos ainda em nossos ouvidos aquela voz fraca, mas sempre corajosa do Papa Francisco que abençoava Roma, o papa que, naquela manhã de Páscoa, abençoava Roma e dava a sua bênção ao mundo inteiro." Trata-se da última bênção *urbi et orbi* daquele papa argentino, que havia aparecido nessa mesma sacada alguns dias antes, na véspera de sua morte, na Páscoa de 20 de abril de 2025. E Leão XIV continuou repetindo palavras que ressoam como herança de Francisco: "Ajudai-nos também vós e, depois, ajudai-vos uns aos outros a construir pontes, com o diálogo e o encontro, unindo-nos todos para sermos um só povo, sempre em paz."

CAPÍTULO 1

Ao aceitar sua eleição como um serviço à Igreja, Leão XIV citou Santo Agostinho: "Convosco sou cristão e para vós sou bispo." Como bispo de Roma, ele se dirigiu especialmente aos fiéis italianos. Em seguida, em espanhol, expressou seu apego à sua diocese de Chiclayo, no Peru, "onde um povo fiel acompanhou o seu bispo, partilhou a sua fé e deu tanto, tanto, para continuar a ser uma Igreja fiel a Jesus Cristo".

Seu primeiro discurso terminou com uma oração a Maria, fruto de uma devoção muito especial à Virgem de Pompeia, cuja evocação — duas vezes por ano, em 8 de maio e no primeiro domingo de outubro — havia sido fomentada por... Leão XIII. Em sua primeira encíclica dedicada ao Rosário (1883), o papa do século XIX convidou os fiéis a assumirem um compromisso espiritual com o objetivo de fazer frente aos males sociais da época. Desde então, milhares de peregrinos se sentiram atraídos ao santuário mariano fundado por Bartolo Longo (1841-1926). Foi depois de uma longa jornada de conversão que esse advogado, alguém fundamentalmente anticlerical e imerso no espiritismo, retornou à Igreja, aos trinta anos de idade. Membro da Ordem Terceira Dominicana, estava apenas no início de uma vida de fé e de sua iniciativa para difundir o rosário. Em 2 de outubro de 1872, enquanto trabalhava num campo no vale de Pompeia, ele testemunhou uma aparição mística da Santíssima Virgem: "Se difundires o rosário, serás salvo", ter-lhe-ia dito a Virgem. Ele não cessa de buscar esse objetivo e empreende a construção do santuário de Nossa Senhora do Rosário. Em

1883, ele escreveu a oração à rainha do Santo Rosário de Pompeia, uma súplica:

> Ah! Desse vosso trono de clemência, onde vos sentais como Rainha, volvei, ó Maria, vosso olhar piedoso para nós, para as nossas famílias, para a Itália, para a Europa, e para toda a Igreja; tende compaixão das angústias em que nos achamos e dos trabalhos que amarguram nossas vidas. Vede, ó Mãe, quantos perigos nos rodeiam a alma e o corpo; quantas calamidades e aflições nos oprimem!

Uma oração à maneira do século XIX e, apesar de tudo, com ecos que são estranhamente contemporâneos: "Piedade, ó sim, piedade imploramos hoje, para as nações extraviadas, para toda a Europa, para todo o mundo, a fim de que, arrependido, volte ao vosso Coração." Essa devoção, evocada pelo Papa Leão, é também muito atual: enquanto estivera hospitalizado em estado crítico, o Papa Francisco assinara o decreto de canonização de Bartolo Longo no Hospital Gemelli, em 24 de fevereiro de 2025. O Cardeal Robert Francis Prevost não poderia ignorar esse fato.

Essa é uma das chaves para a escolha de Leão XIV. Com esse nome, Robert Francis Prevost segue os passos Leão XIII, o papa da doutrina social, o papa da modernidade. Vincenzo Gioacchino Pecci (1810-1903) foi eleito papa em 20 de fevereiro de 1878, aos 67 anos de idade. Para Leão XIII, iniciava-se um longo pontificado de mais de um quarto de século: um século marcado pela revolução industrial.

Não podemos deixar, pois, de traçar um paralelo com a revolução digital para a qual o novo papa está apontando. Autor de 86 encíclicas, Leão XIII se esforçou especialmente para definir certa doutrina da Igreja com sua encíclica *Rerum novarum*, escrita em 1891, e na qual se promoviam a justiça social e a dignidade da pessoa humana.

Leão XIV confirmou os motivos dessa escolha em reunião com os cardeais no dia 10 de maio:

> Na verdade, são várias as razões, mas a principal se deve ao Papa Leão XIII, que, com a histórica encíclica *Rerum novarum*, abordou a questão social no contexto da primeira grande revolução industrial; e, hoje, a Igreja oferece a todos a riqueza de sua doutrina social para responder a outra revolução industrial e aos desenvolvimentos da inteligência artificial, que trazem novos desafios para a defesa da dignidade humana, da justiça e do trabalho.

Primeiras palavras

"Que a paz esteja com todos vós!"

A paz esteja com todos vós!

Caríssimos irmãos e irmãs, esta é a primeira saudação de Cristo Ressuscitado, o Bom Pastor, que deu a vida pelo rebanho de Deus. Também eu gostaria que esta saudação de paz entrasse em vosso coração, chegasse às vossas famílias, a todas as pessoas, onde quer que se encontrem, a todos os povos, a toda a terra. A paz esteja convosco!

Esta é a paz de Cristo Ressuscitado, uma paz desarmada e uma paz que desarma, que é humilde e perseverante. Que vem de Deus, do Deus que ama a todos incondicionalmente.

Conservamos ainda em nossos ouvidos aquela voz fraca, mas sempre corajosa, do Papa Francisco que abençoava Roma, o papa que, naquela manhã de Páscoa, abençoava Roma e dava a sua bênção ao mundo inteiro. Permiti-me que dê prosseguimento àquela mesma bênção: Deus nos ama, Deus vos ama a todos, e o mal não prevalecerá! Estamos todos nas mãos de

Deus. Portanto, sem medo, unidos de mãos dadas com Deus e uns com os outros, sigamos em frente! Somos discípulos de Cristo. Cristo vai à nossa frente. O mundo precisa de sua luz. A humanidade precisa d'Ele como ponte para poder ser alcançada por Deus e pelo seu amor. Ajudai-nos também vós e, depois, ajudai-vos uns aos outros a construir pontes, com o diálogo, o encontro, unindo-nos todos para sermos um só povo sempre em paz. Obrigado, Papa Francisco!

Quero também agradecer a todos os meus irmãos cardeais que me escolheram para ser o Sucessor de Pedro e para caminhar convosco, como Igreja unida, procurando sempre a paz, a justiça, esforçando-se sempre por trabalhar como homens e mulheres fiéis a Jesus Cristo, sem medo, para anunciar o Evangelho, para ser missionários.

Sou agostiniano, um filho de Santo Agostinho, que dizia: "Convosco sou cristão e para vós sou bispo." Nesse sentido, podemos caminhar todos juntos em direção à pátria que Deus nos preparou.

Uma saudação especial à Igreja de Roma! Devemos procurar juntos o modo de ser de uma Igreja missionária, uma Igreja que constrói pontes, que constrói o diálogo, sempre aberta para acolher a todos, como esta Praça, de braços abertos, a todos aqueles que precisam da nossa caridade, da nossa presença, de diálogo e de amor.

Em espanhol

E se me permitem uma palavra, uma saudação a todos, e especialmente à minha querida Diocese de Chiclayo, no Peru, onde um povo fiel acompanhou o seu bispo, partilhou a sua fé e deu tanto, tanto, para continuar a ser uma Igreja fiel a Jesus Cristo.

A todos vós, irmãos e irmãs de Roma, da Itália, de todo o mundo: queremos ser uma Igreja sinodal, uma Igreja que caminha, uma Igreja que procura sempre a paz, que procura sempre a caridade, que procura sempre estar próxima, sobretudo dos que sofrem.

Hoje é o dia da Súplica a Nossa Senhora do Rosário de Pompeia. A nossa Mãe, Maria, quer sempre caminhar conosco, estar perto, ajudar-nos com a sua intercessão e o seu amor. Gostaria, por isso, de rezar convosco. Rezemos juntos por esta nova missão, por toda a Igreja, pela paz no mundo, e peçamos a Maria, nossa Mãe, esta graça especial: Ave, Maria...

Leão xiv
Praça de São Pedro, 8 de maio de 2025

Capítulo 2

Leão XIV, um papa norte-americano

A biografia de Robert Francis Prevost é impressionante: esse homem discreto esteve envolvido numa ampla gama de experiências, acumulando a atuação de pastor e especialista eclesiástico. Seu nome de origem francesa revela algo de sua ascendência: sua avó paterna nasceu em 2 de fevereiro de 1894 em Le Havre. Suzanne Fontaine era filha de *chefs* confeiteiros. Mais tarde, ela emigrou para os Estados Unidos, onde faleceu na cidade de Detroit, em Michigan, no ano de 1979. Robert Francis Prevost nasceu no dia 14 de setembro de 1955 em Chicago. É filho de um pai de origem francesa e italiana e de uma mãe de origem espanhola. No período imediatamente posterior à guerra, a família morava no South Side, um bairro de classe operária ao sul de Chicago. Em 1949, os pais compraram uma nova casa de tijolos no mesmo local.

"Éramos crianças normais. Quando você se levantava de manhã, alguém batia à sua porta para chamá-lo para brincar, e você saía para jogar beisebol. Ou havia uma piscina na casa ao lado, e íamos nadar. Quando mais velhos, pegávamos o

CAPÍTULO 2

trem para a cidade. No ensino médio, o passatempo favorito do meu irmão era dirigir. Ele adorava estar ao volante", lembra John Prevost ao falar sobre a vida da família na imprensa americana.

Os três meninos da família foram educados num colégio gerido pelos religiosos de Santo Agostinho. Aos 14 anos, o jovem Rob naturalmente ingressou no seminário da mesma congregação, à qual permaneceu ligado e que marcaria seu percurso.

"Ele saiu de casa depois de terminar o ensino fundamental e imediatamente entrou para o seminário, em Michigan. Não ficava muito tempo em casa, portanto", diz John. "Ele voltava para as férias de verão e para as festas de fim de ano quando estava no ensino médio e depois na faculdade, até que ingressou na ordem."

Ele havia escolhido sua família espiritual. "Sou filho de Santo Agostinho", lembrou ao aparecer na *loggia* quando eleito. "Mesmo quando era adolescente, ele sabia o que queria fazer e para onde queria ir", conta um colega de classe na página do *Chicago Sun Times*. "Na época, estava bastante claro que esse seria o seu caminho", diz outro, que também frequentou a escola St. Mary's. A vocação de Prevost parece ter sido selada desde muito cedo: "Padre? Alguns de nós pensávamos nisso", continua o ex-vizinho, que não perdeu a trajetória de Robert Prevost de vista. "Era uma fantasia para a maioria de nós, quando jovens. Já para ele, acredito que era uma vocação real. E, mesmo quando era adolescente, ele sabia o que queria fazer e para onde queria ir."

John Prevost, irmão do novo papa, confirma essa vocação precoce, inscrita até mesmo nas brincadeiras de infância: "Algumas crianças não gostam de brincar de guerra e de ser soldados? Ele queria brincar de ser padre. Pegava a tábua de passar roupa de nossa mãe, cobria com uma toalha de mesa, e tínhamos de ir à Missa. Ele sabia orações em latim, em inglês, e fazia isso o tempo todo. E levava tudo muito a sério."

Os companheiros de Robert Prevost se recordam da dinâmica paróquia de Santa Maria da Assunção na década de 1970, localizada no sul de Chicago. A família Prevost — Louis Marius e Mildred Martinez, com seus filhos Louis Martin, John Joseph e Robert Francis — fazia parte dessa efervescência.

Do pai, diretor de escola, ainda sabemos que serviu na Marinha dos Estados Unidos no Mediterrâneo durante a Segunda Guerra Mundial. Sua mãe trabalhava como bibliotecária. Duas de suas irmãs eram freiras. Os paroquianos da Santa Maria se lembram de Mildred como a gentil "Millie", uma daquelas mulheres que garantem o bom funcionamento de uma paróquia católica; ela era uma presença constante na escola. Membro do coral, também foi presidente da Sociedade do Rosário. "Tratava-se de uma daquelas senhoras que chamávamos de beatas de igreja", conta Marianne Angarola no jornal local. Elas iam à missa todos os dias, limpavam os altares, a igreja e a sacristia.

Robert Francis Prevost estudou matemática na prestigiosa Universidade Católica de Villanova, na Filadélfia, e depois teologia em Chicago. Aos 22 anos, não se esqueceu dos religiosos que havia conhecido na escola e na paróquia: depois de cogitar uma vocação diocesana, entrou no noviciado agostiniano em 1º de setembro de 1977, professou seus votos no ano seguinte, em 2 de setembro de 1978, e fez a profissão solene em 29 de agosto de 1981.

Ordem mendicante anteriormente conhecida como a Ordem dos Eremitas de Santo Agostinho, os religiosos dessa congregação, fundada no século XIII, seguem as regras do Bispo de Hipona. Eremitas, pediram a Inocêncio IV (c. 1180-1254) permissão para viver de acordo com a regra de Santo Agostinho, que havia sido um tanto esquecida. Pouco conhecida na França, e erradicada durante a Revolução de 1789, a ordem floresceu em vários países europeus nos séculos seguintes e, de modo especial, nos continentes do sul ao longo das últimas décadas. Lembramos o agostiniano que deixou uma marca na história, não por seu compromisso religioso, mas por seu trabalho como botânico: o austríaco Gregor Mendel (1822-1884), desbravador da genética.

Alimentado pela história da Ordem de Santo Agostinho, Robert Francis Prevost confirmou sua vocação e seu compromisso com a congregação. Em Roma, continuou sua formação teológica com os dominicanos da Pontifícia Universidade de São Tomás de Aquino, o Angelicum, realizou o doutorado em direito canônico, escrevendo uma tese sobre "O papel do prior dos agostinianos" em 1987. Essa reflexão teológica será posta em prática quando lhe forem confiadas responsabilidades dentro da ordem. Por enquanto, e por causa de seus estudos, foi em Roma que se ordenou sacerdote, no dia 19 de junho de 1982, pelas mãos do arcebispo belga Jean Jadot (1909-2009), presidente do Secretariado para os Não Cristãos e, anteriormente, delegado apostólico nos Estados Unidos.

Sua primeira nomeação o levou ao Peru em 1984, como missionário agostiniano. Essa primeira experiência entre os fiéis e os pobres lhe marcou profundamente, embora ocupasse o cargo administrativo de chanceler de uma prelazia remota em Chulucanas. Em 1987, foi chamado de volta aos Estados Unidos para assumir a responsabilidade das vocações e missões na província agostiniana de Chicago. No entanto, logo retornou ao Peru, onde passaria os dez anos seguintes, onde foi, de uma só vez, professor de direito canônico, juiz eclesiástico e diretor do seminário diocesano de Trujillo, uma das cidades mais populosas do Peru, às margens do Oceano Pacífico. Além das funções de ensino, aconselhamento e administração, também exerce seu ministério sacerdotal numa paróquia pobre nos arredores da cidade.

Em 1998, viu-se obrigado a retornar a Chicago e eleito Superior Provincial dos Agostinianos do Meio-Oeste para a província de Nossa Senhora do Bom Conselho. Essa responsabilidade regional se amplia para abarcar o mundo em 14 de setembro de 2001, quando o Capítulo Geral dos Agostinianos o elegeu Prior Geral, o superior da ordem, numa eleição que foi concluída em vinte minutos: a mais rápida da ordem. Será que a história está se repetindo?

CAPÍTULO 2

Destituído de seu cargo em setembro de 2013, após dois mandatos, ele retoma o magistério como diretor de Estudos no Priorado de Santo Agostinho, em Chicago. Em novembro de 2014, o Papa Francisco o nomeou administrador apostólico da Diocese de Chiclayo, no Peru, durante a vacância da sede. Recebeu o título de Bispo de Sufar, sede diocesana no norte da África, que havia caído em desuso. O Arcebispo James Green, núncio apostólico no Peru à época e seu compatriota, presidiu a ordenação do novo bispo. Prevost escolheu "*In Illo uno unum*" como seu lema episcopal, o que pode ser traduzido como: "Um só num só Cristo" ou "Em Cristo somos um". Esse lema, que clama por unidade, foi extraído de um comentário de Agostinho sobre o Salmo 127, no qual escreve: "*Sed et nos multi in illo uno unum*", isto é, "embora sejamos muitos, somos um em Cristo".

Depois de alguns meses de responsabilidade como administrador, Robert Francis Prevost foi finalmente nomeado bispo titular de Chiclayo, em 26 de setembro de 2015. Ele então adquiriu a nacionalidade peruana. Reconhecido por seus pares, foi eleito vice-presidente da Conferência Episcopal Peruana três anos depois. Em janeiro de 2018, o Papa Francisco, em visita ao Chile e ao Peru, presta atenção naquele bispo flexível e organizado. Foi o primeiro encontro dos dois. Como bispo, ele também seria envolvido no trabalho do governo central da Igreja. Em julho de 2019, dom Prevost será nomeado membro da Congregação para o Clero e, em 2020, membro da Congregação para os Bispos. Em 1º de março de

2021, o bispo peruano foi recebido em audiência privada pelo papa argentino.

Em 13 de abril de 2022, respondendo a um convite da página religiosa *Expresión*, ele se dirigiu ao povo de sua diocese em Chiclayo, a "capital da amizade". Apenas alguns dias antes da Páscoa, o Arcebispo Prevost já estava falando sobre a paz, a promessa que repetirá na *loggia*:

> A mensagem da Páscoa se faz mais relevante do que nunca. As primeiras palavras do Cristo ressuscitado quando se encontrou com seus apóstolos na noite do domingo de Páscoa foram: "A paz esteja convosco." Esse desejo, mais do que um desejo, é dom de Jesus Cristo. Depois de sofrer sua paixão e morte, ele ressuscitou dos mortos e pediu aos apóstolos que recebessem a paz, que é realmente um dom de Deus. O sacrifício de Cristo na cruz abre um caminho de reconciliação, um caminho de paz, de reconciliação com Deus, mas também uns com os outros, com nossos irmãos e irmãs. Mas aqui precisamos saber como acolher e trabalhar ativamente em todos os níveis para alcançar uma paz verdadeira. [...] Mas é igualmente importante que busquemos o diálogo e a cooperação entre todas as autoridades, para que possamos tomar as decisões corretas que beneficiem a todos, e não apenas alguns.

CAPÍTULO 2

Ainda em 2022, Robert Francis Prevost participa da vida pública deste país que lhe é tão caro:

> Peço também às autoridades sociais e políticas que procurem manifestar essa dimensão da paz que vem de Deus, que trabalhem juntos e busquem esse dom da paz, da ressurreição, a paz da Páscoa, a qual só vem quando estamos prontos, dispostos a viver a fé, que é o grande dom desses dias.

Robert Francis Prevost tinha plena consciência de que dia ou outro seria chamado a Roma, embora tenha sido franco o suficiente para confiar ao Papa Francisco qual era sua preferência: "O senhor sabe que estou muito feliz no Peru. Se decidirem me nomear ou me deixar onde estou, ficarei feliz; mas, se me pedirem para assumir uma nova função na Igreja, eu aceitarei." Feliz por servir a Igreja, o novo prefeito do dicastério para os bispos não deixa de sentir falta de seu povo peruano:

"Ainda me vejo como missionário. Minha vocação, como a de todo cristão, é a de ser missionário, proclamar o Evangelho onde quer que estejamos. É certo que minha vida mudou muito: tenho a oportunidade de servir ao Santo Padre, de servir a Igreja hoje, aqui. [...] Terminei minha missão no Peru depois de oito anos e meio como bispo e quase vinte anos de missão, para começar uma nova fase em Roma", explicou a Andrea Tornielli, jornalista do *Vatican News*, em maio de 2023.

"Ele ama Chiclayo, e foi aqui que aprendeu tudo o que vai compartilhar com o mundo hoje", proclamou o bispo Edinson Farfán Córdova, que o sucedeu à frente da diocese de Chiclayo, após a eleição. Numa coletiva de imprensa, insistiu: "O Papa Leão XIV é um dos nossos frades que passou por essas terras; ele trabalhou em Chulucanas, Trujillo e Chiclayo. Ele ama profundamente o Peru."

Em janeiro de 2023, Francisco o elevou ao posto de arcebispo *ad personam* e o nomeou prefeito do dicastério para os bispos, sucedendo o cardeal canadense Marc Ouellet, que renunciara após acusações de má conduta sexual. Trata-se de uma sucessão delicada para alguém que deve preparar a nomeação de dois terços dos bispos do mundo — com os bispos do Sul sob o dicastério para a evangelização. Com essa nomeação, ele também fica encarregado da Pontifícia Comissão para a América Latina, pela qual o papa argentino tanto prezava.

O missionário vivera em Roma quando prior de sua ordem e, por isso, rapidamente se familiarizou com os mistérios do Vaticano. Como ponto central das nomeações episcopais, ele é apreciado por sua seriedade e discrição. O "RH da Igreja universal", como era descrito, foi feito cardeal alguns meses depois. Sua posição lhe deu a oportunidade de ver o Papa Francisco regularmente até os últimos meses. Em julho de 2023, foi nomeado cardeal-diácono e, em fevereiro de 2025, elevado ao posto de cardeal-bispo da diocese suburbicária de Albano. Uma ascensão rápida que coloca o Cardeal Prevost entre os sucessores discretamente endossados por Francisco. Seria uma mensagem? Mas até que ponto Francisco poderia ter influenciado os cerca de 133 cardeais? Aos 69 anos de idade, Robert Francis Prevost não fazia ideia às portas do conclave.

Questionado por sua própria congregação alguns dias antes da recepção de seu barrete cardinalício, ele aconselhou os padres e seminaristas a "não terem medo". São palavras que ressoam para ele mesmo quando da assunção do esmagador peso de seu cargo:

> Lembro-me de que, quando eu era noviço, um irmão mais velho veio nos visitar e simplesmente disse uma palavra que ainda ressoa em mim: perseverar. Devemos rezar por essa perseverança porque nenhum de nós está isento de momentos difíceis, quer sejamos casados, solteiros ou agostinianos. Não podemos desistir ao primeiro sinal de dificuldades, porque, se o fizermos, e isso é importante, nunca chegaremos a lugar algum na vida. A perseverança é um grande dom que o Senhor está pronto para nos dar. Mas precisamos aprender a abraçá-la e torná-la parte integrante de nossa vida, para sermos fortes. É um desses dons que são construídos com o tempo, nas pequenas provações do início que nos ajudam a ficar mais fortes, a sermos capazes de carregar a cruz quando ela se faz mais pesada. Isso nos ajuda a avançar e, depois, nos permite continuar progredindo.

Ao longo de sua trajetória — para não dizer "sua carreira" —, Robert Francis Prevost acumulou muitas responsabilidades, a ponto de preencher todos os requisitos aos olhos dos cardeais: um homem de ação, próximo aos pobres, conhecedor da Cúria, um elo entre o Norte e o Sul, um religioso poliglota... O arcebispo Prevost é fluente em inglês, italiano, português, espanhol, conhece um pouco de francês e de alemão, além de latim... A única coisa que poderia ter freado sua eleição era seu déficit de imprensa. Mas, depois de um carismático papa argentino que "brilhava na tela", muitas vezes correndo o risco da provocação, a serenidade de Leão XIV poderia ajudar a unir a Igreja.

Considerado um "reformador moderado", ele escapou das categorias que o mundo lhe tenta impor. Atento aos mais necessitados, sensível à piedade popular, também é um bom ouvinte e aberto ao diálogo. Essas são qualidades que devem levá-lo a continuar o trabalho sinodal iniciado por Francisco. Leão XIV já havia mencionado isso no último sínodo. Tratava-se de uma abertura que ele desejava particularmente no contexto do dicastério para os bispos, acreditando que o processo de nomeação deveria ser mais sinodal. Três mulheres foram nomeadas para esse dicastério, trazendo uma perspectiva valiosa para a revisão das características episcopais.

Quem melhor para descrever o "método Leão XIV"? Seu irmão John Prevost, entrevistado pela CBS News em Chicago, confidenciou alguns dos traços de caráter que serão revelados durante o pontificado:

> Ele tem a paciência de um santo. [...] É capaz de parar e pensar antes de responder. Veja, eu lhe respondo imediatamente. Ele pensaria por um minuto antes de responder-lhe. Ele reflete e pensa cuidadosamente tanto sobre o que está dizendo quanto sobre qual é a melhor resposta para a Igreja hoje e para os fiéis, e tenta reunir o mundo inteiro, o que provavelmente é uma tarefa impossível.

Papa da unidade, homem de decisão: sem ter tido a oportunidade de falar rapidamente com seu irmão por telefone, John Prevost mostra-se bem ciente de como o papa vê certas questões, particularmente em relação aos Estados Unidos.

> Ele dará sua opinião. Não quero falar em seu nome, mas acho que ele acredita que os Estados Unidos estão indo na direção errada quando se trata de imigração, que é uma injustiça total. Eles são seres humanos antes de tudo, e devem ser tratados como tal. A guerra deve ser... Não sei como ele vai lidar com isso. É uma situação muito difícil, pois, independentemente do que faça, ofenderá alguém.

Além do apoio da família, o papa poderá contar com as orações de sua Ordem de Santo Agostinho. Trata-se de um papa resolutamente preocupado com uma vida equilibrada, contanto que ainda consiga encontrar tempo para algumas atividades de lazer. Será que Leão XIV ainda conseguirá jogar tênis? Desde sua chegada a Roma, em 2023, ele quase não tem jogado. A leitura é a atividade que ele mais tem feito, ao passo que as caminhadas e viagens, que ele também gosta de fazer em seu tempo livre, terão novos rumos. Por outro lado, ele poderá sentir falta da vida comunitária dos agostinianos: "Gosto de relaxar com os amigos e conhecer várias pessoas diferentes. Elas podem enriquecer muito nossas vidas." O que resta é a fidelidade àqueles que lhe são caros: "Ter a capacidade de desenvolver amizades genuínas na vida é magnífico. Sem dúvida, a amizade é um dos presentes mais maravilhosos que Deus nos concedeu."

Capítulo 3

Um papa para o mundo

"Temos um bom papa, um papa muito bom", confidenciou o Cardeal Jean-Paul Vesco no final do conclave. Sem revelar nada sobre as cédulas de votação, o arcebispo de Argel confirma: "Ele obteve um resultado magistral." Embora as congregações gerais tenham oferecido uma oportunidade para expressar diferenças, o momento da unidade chegou muito rapidamente. Sublinhando "um capital colossal de experiência", o Cardeal Vesco insiste: "Temos um papa muito bom, como se costuma dizer de um bom pão."

"Ele é gentil e determinado, e por isso irá até o fim. E o fará com simplicidade e determinação", confidenciou o Cardeal François Bustillo, bispo de Ajaccio. A isso soma-se a reação de John, o irmão de Leão XIV:

> Em seu coração, em sua alma, ele queria ser missionário. Não queria ser bispo. Não queria ser cardeal, mas foi o que lhe pediram para fazer, e então ele o fez. Ele gostaria de ter voltado para

CAPÍTULO 3

o Peru a fim de trabalhar nas missões, pois tinha um profundo sentimento de compaixão pelos menos favorecidos. Pelos pobres, por aqueles que não eram ouvidos. E era um sentimento muito forte. Acho que, nesse sentido, ele será um segundo Papa Francisco. Acho que seguirá seus passos, trabalhando pelos menos favorecidos. Acho que é jovem para ser papa e é ativo, portanto estará aqui e ali, circulando bastante. Acho que ele também dirá o que pensa.

Assim que a eleição de Robert Francis Prevost foi anunciada, a multidão na praça de São Pedro ficou radiante. Essa também foi a emoção que se espalhou pelo mundo. A reação do presidente dos Estados Unidos era esperada: "Que emoção e que grande honra para o nosso país", reagiu Donald Trump na internet, dando seus "parabéns" ao novo chefe da Igreja Católica e dizendo que "espera ansiosamente" conhecê-lo.

O jornalista e vaticanista Jean-Louis de La Vaissière analisa a eleição como uma afirmação da unidade da Igreja: "Tenho a impressão de ser um pontífice que, numa Igreja que se diz dividida, tranquiliza e une. Tenho a intuição de que ele conseguiu unir os opostos no conclave sem muita dificuldade, como a mídia não pôde prever em suas previsões. Ele usa muitas carapuças: primeiro, a norte-americana, mas não aquela do tipo *make America great again*; a de peruano de coração e adoção: portanto, a de um latino de coração; e a de europeu, em virtude de suas três origens: italiana, francesa e espanhola. Isso já é muito, mesmo que não inclua a Ásia e a África…"

Correspondente da AFP no Vaticano há vários anos, La Vaissière tem uma visão aguçada do novo papa: "Num período de tempestades globais, ele me parece ao mesmo tempo emocionado — o que é um bom sinal — e firme em sua posição, alguém em quem se pode confiar." "Eu o conheço como irmão, mas, quando estamos falando de assuntos da Igreja, não faço a menor ideia. Não sei", disse Louis Prevost, o mais velho dos irmãos, ao *Gulf Coast News*. "Estou quase sem palavras. É simplesmente incrível que meu irmão tenha sido eleito papa hoje. É inacreditável."

O que ele espera do Papa Leão XIV? Um empenho inabalável, o mesmo que ele já demonstrou antes: "Ele viajou o suficiente para poder, se assim desejar, fazer como o Papa Francisco e ir a algumas dessas regiões devastadas pela guerra a fim de falar com as pessoas enquanto papa, e não como norte-americano." Qual seria sua sensibilidade eclesial? "Eu não o chamaria de conservador. Tampouco o descreveria como progressista no que diz respeito às regras da Igreja", continua o irmão mais velho. Espero que não se envolva com nada que o venha a destruir", confia com emoção aquele que de longe vê aclamado seu irmão mais velho: "Talvez nunca mais o vejamos. Ele tem um nome novo…"

As reações oficiais se multiplicaram, demonstrando o papel essencial do papa para o mundo. "Este é um momento histórico para a Igreja Católica e seus milhões de fiéis. Ao

CAPÍTULO 3

Papa Leão XIV e a todos os católicos da França e do mundo, envio uma mensagem fraterna", comentou o presidente francês Emmanuel Macron no X.

O Kremlin, por sua vez, emitiu uma mensagem de felicitações: "Tenho certeza de que o diálogo construtivo e a interação estabelecida entre a Rússia e o Vaticano continuarão a se desenvolver com base nos valores cristãos que nos unem", disse Vladimir Putin. Enquanto isso, o presidente ucraniano Volodymyr Zelensky espera que o novo papa apoie "moralmente e espiritualmente a Ucrânia, para restabelecer a justiça e alcançar uma paz duradoura".

A lista de reações internacionais é interminável. Para António Guterres, o secretário-geral das Nações Unidas, "o mundo precisa de vozes mais fortes em favor da paz, da justiça social, da dignidade humana e da compaixão". Ele conta com a Santa Sé "para promover a solidariedade, fomentar a reconciliação e construir um mundo justo e sustentável para todos".

Os católicos norte-americanos, assim como (ou principalmente) os fiéis peruanos, ficaram surpresos ao descobrir o bispo "deles" como papa, expressando profunda alegria. Essa eleição sinaliza para muitas coisas: para uma Igreja que migra do Norte em direção ao Sul; para uma Igreja alegre, como a multidão romana naquela noite de 8 de maio... E sinaliza também que, depois de um jesuíta, era necessário nomear novamente um religioso.

"Fiquei feliz quando soube que ele pertencia à ordem dos agostinianos e, portanto, estava sujeito à Regra de Santo

Agostinho, que é também a Regra sob a qual vivemos como frades dominicanos. A regra começa (depois de lembrar o mandamento máximo da caridade) ao mencionar a busca da unidade: 'Em primeiro lugar, por que estais reunidos, se não para que vivais juntos em unidade, tendo um só coração e uma só alma em Deus?' Acho maravilhoso que o conclave tenha eleito um religioso forjado por esse ideal de comunhão — Uma comunhão que se tornou bem precioso em nosso mundo dolorosamente fragmentado", comenta o irmão Nicolas Tixier, provincial dominicano da França.

Outra reação veio de um religioso da ordem assuncionista, o padre Michel Kubler, cuja ordem é uma espécie de "prima" da Ordem de Santo Agostinho: "Fiquei profundamente comovido com sua referência imediata ao pai que ele e eu — e tantos outros! — temos em comum: Santo Agostinho. O espírito que marcará este pontificado, tão certo como o de Santo Inácio para o jesuíta Francisco, já está presente: em sua insistência na presença de Deus em cada ser humano, um Deus 'mais íntimo de nós do que nós mesmos' enquanto nos esforçamos para buscá-lo fora; no caráter vital da comunidade para o indivíduo e da concórdia para a sociedade; e na busca do bem comum, já promovida pelo bispo de Hipona nos séculos IV e V, antes de ser estabelecida como doutrina social pelo papa do século XIX cujo nome o novo bispo de Roma quis assumir."

E o Padre Kubler, de Roma, continua: "Lembro-me especialmente de suas primeiras palavras de paz, de seu desejo de construir pontes e de sua preocupação com a unidade."

CAPÍTULO 3

Nesse coro de elogios e expectativas, uma nota dissonante acusa Robert Francis Prevost de ter conduzido mal dois casos de abuso sexual. Um está relacionado ao seu tempo como conselheiro provincial, quando supostamente permitiu que um clérigo condenado por violação sexual de menores permanecesse num convento agostiniano próximo a uma escola primária. Em outro caso, referente a acontecimentos que remontam a vários anos e foram revelados em 2022, ele supostamente não teria tomado as medidas necessárias para lidar com o problema quando era bispo da Diocese de Chiclayo. A diocese, por sua vez, declarou que o caso havia sido encaminhado a Roma. As associações de vítimas também se manifestaram, convocando Leão XIV a se explicar. Essa controvérsia prejudica o início de seu pontificado e obriga o novo papa a tomar medidas enérgicas e fazer da luta contra o abuso sexual uma das prioridades urgentes de seu pontificado.

Primeiras palavras

"Tu és Pedro, e sobre esta pedra edificarei a minha Igreja"

Trechos da homilia do papa Leão XIV sobre o Evangelho de Mateus (16, 13-19) na Missa com os cardeais, Capela Sistina, sábado, 9 de maio de 2025.

"Tu és o Messias, o Filho de Deus vivo" (Mt 16, 16). Com essas palavras, Pedro, interrogado pelo Mestre juntamente com os outros discípulos, sobre a sua fé n'Ele, expressa em síntese o tesouro que a Igreja, através da sucessão apostólica, guarda, aprofunda e transmite há dois mil anos.

[…] Deus, de modo particular, chamando-me através do vosso voto a suceder ao Primeiro dos Apóstolos, confia-me este tesouro para que, com a sua ajuda, eu seja seu fiel administrador (cf. 1 Cor 4, 2) em benefício de todo o Corpo místico da Igreja; para que ela seja cada vez mais cidade colocada sobre o monte (cf. Ap 21, 10), arca de salvação que navega sobre as ondas da história, farol que ilumina as noites do mundo. […]

No entanto, antes do diálogo em que Pedro faz a sua profissão de fé, há uma outra pergunta: "Quem dizem os homens", interpela Jesus "que é o Filho do Homem?" (Mt 16, 13). Não se trata de uma pergunta banal, diz respeito, antes, a um aspecto importante do nosso ministério: a realidade em que vivemos, com os seus limites e potencialidades, suas interrogações e convicções.

[...] Pensando nessa cena, refletindo sobre ela, poderíamos encontrar duas possíveis respostas a essa pergunta e traçar outras tantas atitudes.

Em primeiro lugar, há a resposta do mundo. Mateus sublinha que o diálogo entre Jesus e os seus sobre a identidade d'Ele tem lugar na belíssima cidade de Cesareia de Filipe, cheia de palácios luxuosos, inserida numa paisagem natural encantadora, no sopé do Hermon, mas também sede de círculos de poder cruéis e palco de traições e infidelidades. Essa imagem fala-nos de um mundo que considera Jesus uma pessoa totalmente desprovida de importância, quando muito uma personagem curiosa, capaz de suscitar admiração com a sua maneira invulgar de falar e agir. Por isso, quando a sua presença se tornar incômoda, devido aos pedidos de honestidade e às exigências morais que solicita, este "mundo" não hesitará em rejeitá-lo e eliminá-lo.

Depois, há uma outra possível resposta à pergunta de Jesus: a das pessoas comuns. Para elas, o Nazareno não é um "charlatão": é um homem justo, corajoso, que fala bem e que diz coisas certas, como outros grandes profetas da história de Israel. Por isso, seguem-no, pelo menos enquanto podem fazê-lo sem demasiados riscos ou inconvenientes. Porém, porque essas pessoas o consideram apenas um homem, no momento do perigo, durante a Paixão, também elas o abandonam e vão embora, desiludidas.

Impressiona a atualidade dessas duas atitudes. Com efeito, elas encarnam ideias que poderíamos facilmente reencontrar — talvez expressas com uma linguagem diferente, mas essencialmente idênticas — nos lábios de muitos homens e mulheres do nosso tempo.

O que não falta são contextos, até os dias atuais, nos quais a fé cristã é considerada uma coisa absurda, algo para pessoas fracas e pouco inteligentes; contextos em que, no lugar dela, outras seguranças são preferíveis, como a tecnologia, o dinheiro, o sucesso, o poder e o prazer.

São ambientes onde não é fácil testemunhar nem anunciar o Evangelho, e onde quem acredita se vê ridicularizado, contrastado, desprezado, ou, quando muito, tolerado e digno de pena. No entanto, precisamente por isso, são lugares onde a missão se torna urgente, porque a falta de fé, traz muitas vezes consigo dramas como a perda do sentido da vida, o esquecimento da misericórdia, a violação — sob as mais dramáticas formas — da dignidade da pessoa, a crise familiar e tantas outras feridas das quais a nossa sociedade sofre, e não pouco.

[...] Este é o mundo que nos foi confiado e no qual, como tantas vezes nos ensinou o Papa Francisco, somos chamados a testemunhar a alegria da fé em Cristo Salvador. Por isso, também para nós, é essencial repetir: "Tu és o Messias, o Filho de Deus vivo" (Mt 16, 16).

[...] Digo isso, em primeiro lugar, para mim mesmo, como Sucessor de Pedro, ao iniciar esta minha missão de bispo da Igreja que está em Roma, chamada a presidir na caridade à Igreja universal, segundo a célebre expressão de Santo Inácio de Antioquia (cf. *Carta aos romanos*, Prólogo). Ele, enquanto era conduzido como prisioneiro a esta cidade, lugar do seu iminente sacrifício, escrevia aos cristãos que aqui se encontravam: "Então serei verdadeiro discípulo de Jesus, quando o meu corpo for subtraído à vista do mundo" (*Carta aos romanos*, IV, 1). Referia-se ao ser devorado pelas feras no circo — como aconteceu; porém, as suas palavras recordam, num sentido mais amplo, um compromisso irrenunciável para quem, na Igreja, exerce um ministério de autoridade: desaparecer para que Cristo permaneça, fazer-se pequeno para que Ele seja conhecido e glorificado (cf. Jo 3, 30), gastar-se até ao limite para que a ninguém falte a oportunidade de O conhecer e amar.

Que Deus me dê essa graça, hoje e sempre, com a ajuda da terna intercessão de Maria, Mãe da Igreja.

Leão xiv
Vaticano, 9 de maio de 2025

Capítulo 4

Sete cardeais que (ainda) contarão

Eles são vítimas do adágio: "Quem entra no conclave papa sai cardeal." Foram apresentados como papáveis. Embora tenham sido os grandes "perdedores", são, no entanto, homens-chave para os próximos anos. E, não obstante o resultado da eleição seja sempre imprevisível, tornando arriscada qualquer previsão, ele oferece uma oportunidade para certo tipo de censo dos homens que contam para a Igreja universal. Qual será o futuro desses líderes não declarados, que certamente terão se mobilizado durante as Congregações Gerais e o conclave? Quer tenham ou não votado secretamente em Robert Francis Prevost, os papáveis serão, no entanto, apoios importantes para o futuro, o que só há de tranquilizar o Pontífice: há cardeais que podem se opor a ele, mas ele poderá contar com sua presença e, quem sabe, reconstituir um Conselho de Cardeais, fórum de intercâmbio e diálogo tal qual Francisco o instituíra.

CAPÍTULO 4

Pietro Parolin

Pietro Parolin presidiu o conclave, tarefa que o tornou ainda mais especial. Com sua figura curvada e sua voz firme, ele é visto como discreto, humilde e paciente. Na condição de braço direito do papa e membro do Conselho de Cardeais, está familiarizado com todas as questões e com o funcionamento da Cúria. Dotado de uma capacidade real de ouvir e de delicadeza para gerenciar relacionamentos complexos, também é apreciado por sua fé profunda, sua sinceridade e seu compromisso com os valores da paz, da justiça e do diálogo inter-religioso. Sua maneira de trabalhar é frequentemente descrita como calma, ponderada e estratégica, o que lhe permitiu navegar habilmente em situações diplomáticas delicadas. Pietro Parolin tem um caráter equilibrado, com uma forte ética de serviço e uma grande capacidade de manter a diplomacia e a paz em suas ações. Ele tinha tudo para ser papa.

Nascido em 17 de janeiro de 1955 em Schiavon, Itália, foi seu papel como secretário de Estado da Santa Sé desde 2013 que o colocou no mapa e no centro do mecanismo da igreja. Como número dois da Cúria Romana, esse ex-diplomata desempenhou papel fundamental na diplomacia do Vaticano e no gerenciamento das relações internacionais da Igreja Católica. Formado em direito pela Universidade de Pádua, Parolin ingressou no serviço diplomático da Santa Sé em 1986, como subsecretário para Relações com os Estados

(2002-2009). Durante sua carreira diplomática, foi designado para várias missões no exterior, especialmente no México, na Alemanha e, a mais importante delas, como núncio na Venezuela (2009-2013). Essa carreira lhe proporcionou uma experiência inestimável nas relações internacionais. Em particular, foi fundamental o seu papel, na assinatura, em 2018, de um acordo histórico entre a Santa Sé e a China sobre a nomeação conjunta de bispos — decisão que não teve aprovação unânime, pois foi vista como o abandono da Igreja subterrânea.

Nomeado cardeal em 2014, Parolin sempre teve a confiança do Papa Francisco, mesmo que tenham surgido algumas diferenças entre os dois em questões morais. Figura influente e respeitada, aos setenta anos poderia ter sido o pontífice ideal e não deve desaparecer completamente dos corredores do poder. Indispensável nesse período de transição, há de ser um homem de valor inestimável no início do pontificado. Encontrar um novo cargo para ele — na Cúria ou em uma grande diocese — não será tarefa das mais fáceis.

Pierbattista Pizzaballa

Pouco conhecido do público geral, o Cardeal Pierbattista Pizzaballa é, aos sessenta anos, uma figura importante na Igreja Católica, especialmente no contexto do Vaticano e da Terra Santa. Franciscano, o patriarca latino de Jerusalém é apreciado por sua capacidade de ouvir, sua simplicidade e sua abordagem pastoral. Grande conhecedor do Oriente Médio, esse teólogo italiano chegou a Jerusalém em 1990. Como líder religioso na Terra Santa, ele incorpora o desejo de promover a paz e a coexistência pacífica entre diferentes comunidades religiosas e culturais no Oriente Médio. Nascido em 21 de abril de 1965 em Cologno al Serio (Itália), foi nomeado por Francisco em 2020 e criado cardeal em setembro de 2023. Um mês depois, estourou a guerra entre o Hamas e Israel, com repercussões em toda a região. Os muitos apelos pela paz trouxeram Pizzaballa para a linha de frente.

Antes disso, ele passara muitos anos como custódio da Terra Santa, papel confiado aos franciscanos. Também isso lhe permitira adquirir um profundo conhecimento das questões locais e das relações inter-religiosas em Jerusalém. O Cardeal Pizzaballa é conhecido por sua grande humildade, sua paciência e seu compromisso com o diálogo inter-religioso, a paz e a justiça. Figura de fé, paz e diálogo, dotado de um temperamento moderado, ele seria um bom candidato segundo a tradição do papa argentino. Desde a tragédia de 7 de outubro e a guerra entre o Hamas e Israel, o patriarca multiplicou seus apelos à paz, tornando-se uma voz que vai além da esfera católica. Sua experiência o teria capacitado a estender o incansável apelo de Francisco pela paz em todos os continentes. Ao mesmo tempo, é também o homem do apaziguamento que precisava ser deixado em Jerusalém para construir a paz na Terra Santa.

Matteo Maria Zuppi

Aos 69 anos, o arcebispo de Bolonha Matteo Maria Zuppi continua sendo uma figura importante na Igreja Católica. Conhecido por seu compromisso com a paz, a justiça social e o diálogo inter-religioso, nasceu em 11 de outubro de 1955 em Roma. Foi nomeado arcebispo de Bolonha em 2015. Em 2022, fez-se cardeal pelo Papa Francisco. Matteo Maria Zuppi também é presidente da Conferência Episcopal Italiana desde 2022, o que lhe confere uma influência significativa sobre a Igreja italiana. Membro da comunidade de Sant'Egidio, sua carreira foi marcada por um forte compromisso com a reconciliação, sobretudo em zonas de conflito, e por uma abordagem pastoral centrada na compaixão, no diálogo e na solidariedade. Mediador em Moçambique e, mais recentemente, enviado especial do papa para a paz na Ucrânia, Matteo Maria Zuppi está envolvido na diplomacia do Vaticano há trinta anos.

Esse prelado discreto e experiente seria o sucessor natural do papa argentino em termos das políticas do Vaticano. Herdeiro de Francisco, está igualmente comprometido em ajudar os pobres, acolher os migrantes e os fiéis homossexuais na Igreja. Muito apreciado pelos católicos da Itália, poderia ter marcado o retorno do episcopado italiano à Sé de Pedro, mas o fato de pertencer à comunidade de Sant'Egidio sem dúvida prestou-lhe um desserviço aos olhos daqueles que acreditam que o movimento fundado por Andrea Riccardi tem forte influência no seio da Igreja.

CAPÍTULO 4

Antonio Tagle

Ele já era visto como papa por muitos. Antonio Tagle é uma figura altamente respeitada na Igreja Católica, conhecido por sua profunda fé, seu compromisso com os pobres e seu talento para o diálogo inter-religioso. Nascido em 21 de junho de 1957 em Manila, nas Filipinas, foi nomeado arcebispo da cidade em 2011. Em 2012, foi feito cardeal pelo Papa Bento XVI. Isso permitiu que participasse, com apenas 56 anos, do conclave que elegeu o Papa Francisco. Apesar de sua pouca idade, já era considerado um *papabile*: seu charme e a imagem de um papa "do sul" trabalhavam a seu favor. Antonio Tagle é frequentemente descrito como um líder humilde, acessível e profundamente empático. Seu estilo pastoral, marcado pela simplicidade e proximidade com os fiéis, lhe rendeu grande afeição, especialmente por seu trabalho com os pobres. Também é reconhecido por sua capacidade de promover o diálogo entre diferentes crenças e culturas e por seu compromisso com a justiça social.

Figura moderada, ele não hesitou em criticar a Igreja Católica por suas falhas, especialmente em casos de pedofilia. Com um sorriso no rosto, esse "Francisco asiático", chamado a Roma pelo papa argentino, deixou o terreno que o tornou tão popular para assumir a responsabilidade pela Congregação para a Evangelização dos Povos em dezembro de 2019. Desde 5 de junho de 2022, é pró-prefeito do novíssimo dicastério para a evangelização resultante da reforma da Cúria. Colocado em posição essencial na nova estrutura, o jovem Tagle não convenceu o Colégio de Cardeais. Citado com muita frequência, ele pode ser um recurso valioso para o novo pontífice.

Anders Arborelius

Aos 75 anos, Anders Arborelius é uma figura importante na Suécia. O bispo de Estocolmo é conhecido por seu compromisso com o diálogo inter-religioso, sendo chefe da Igreja Católica em um país predominantemente protestante e muitas vezes não muito religioso. Nascido em 24 de setembro de 1949 em Sorengo, na Suíça, em uma família protestante, mas não praticante, foi luterano antes de se converter ao catolicismo aos vinte anos de idade e receber as ordens sagradas após ler a *História de uma alma*, de Teresa de Lisieux. Em seguida, Arborelius tornou-se membro da Ordem dos Carmelitas Descalços. Foi nomeado bispo de Estocolmo por João Paulo II em dezembro de 1998.

Criado cardeal por Francisco em 28 de junho de 2017, ele é o primeiro cardeal escandinavo e, segundo confidenciou, não tinha muitas ambições quando entrou na Capela Sistina. Esse irmão carmelita é particularmente apreciado por sua fé e simplicidade. O contexto minoritário do catolicismo em seu país de atuação permitiu que Arborelius promovesse o diálogo inter-religioso e ecumênico. Bastante clássico e conservador em questões morais ou quanto ao celibato dos padres, é membro do Conselho Econômico do Vaticano desde 2020. Num país marcado pela secularização, é visto como um homem de diálogo e mente aberta. A exemplo do Papa Francisco, também é uma voz muito comprometida com a recepção de migrantes na Europa, particularmente na Suécia.

Péter Erdő

Nascido em 25 de junho de 1952 em Budapeste, Hungria, Péter Erdő já era papável em 2013, como possível sucessor de Bento XVI. Líder da Igreja húngara, foi nomeado arcebispo de Esztergom-Budapeste e primaz da Hungria por João Paulo II, em janeiro de 2000. Foi o papa polonês que o criou cardeal em 2003, quando contava apenas cinquenta anos. De fato, Erdő é um dos poucos cardeais que votaram em três conclaves sucessivos. Reconhecido por sua capacidade de conciliar uma fé profunda com o compromisso comunitário, principalmente ao abordar questões sociais, éticas e culturais, ele adota um estilo humilde, ponderado e, às vezes, até austero. Péter Erdő é sensível ao diálogo com as Igrejas Ortodoxas e um arquiteto do renascimento com a comunidade judaica. É também um ardente defensor da teologia moral e está preocupado com a descristianização da Europa. Poliglota, o arcebispo de Budapeste está atento aos desafios contemporâneos enfrentados pela sociedade húngara, e sua influência vai muito além dos fiéis. Aos 72 anos, poderia ajudar a aliviar quaisquer tensões que possam surgir dos debates do conclave, embora seja politicamente bastante conservador e divisivo.

Suas posições, especialmente no que diz respeito à recepção cautelosa de migrantes ou a defesa do movimento pró-vida, não o tornaram um herdeiro natural de Francisco, mas um conservador comedido. Especialista em direito canônico e com vasta experiência em debates sociais, ele tinha o perfil de um papa europeu ansioso por superar a crise social do Ocidente, algo que os cardeais bergoglianos não colocaram entre suas prioridades.

Jean-Marc Aveline

O cardeal Jean-Marc Aveline, arcebispo de Marselha, se eleito papa, teria encantado os fiéis franceses, frustrados por não terem recebido a visita de Francisco, exceto em ocasiões pontuais. O papa argentino deixou claro: não iria à França, mas acabou por ir a Estrasburgo em seu esforço por conhecer a Europa; a Marselha, para os encontros mediterrâneos; e à Córsega, em sua 47ª e última viagem fora da Itália, quando encerrou um simpósio sobre religiosidade popular. Jean-Marc Aveline, hoje com 66 anos, foi o principal arquiteto da visita do papa ao Stade Vélodrome, em Marselha, em setembro de 2023, e diz-se que esteve frequentemente em Roma. Daí até ser eleito sucessor de São Pedro, seria preciso convencer os cardeais. O fato de ter sido muito próximo de Bergoglio não bastou.

Nascido na Argélia em 26 de dezembro de 1958, descendente de uma linhagem de *pieds-noirs* do sul da Espanha, Jean-Marc Aveline passou a maior parte de sua vida em

CAPÍTULO 4

Marselha, onde se tornou uma figura jovial e emblemática. Ordenado padre em 1984, dedicou a primeira parte de seu ministério ao estudo e à formação de seminaristas. Em 1992, fundou o Instituto de Ciências Religiosas e Teologia (ISTR) em Marselha, que dirigiu até 2002. Em dezembro de 2013, foi nomeado bispo auxiliar dali, para então se tornar arcebispo metropolitano em 2019 e cardeal em agosto de 2022. Homem afável, o Cardeal Aveline é um incansável promotor do diálogo inter-religioso. De Marselha, não pode ser indiferente à situação dos refugiados que cruzam o Mediterrâneo por sua conta e risco, o que mais uma vez o aproximava do Papa Francisco. Antes mesmo do conclave, em abril de 2025, foi eleito por seus pares para ser o presidente da Conferência Episcopal Francesa a partir de 1º de julho de 2025. Essa é uma oportunidade de trabalhar em estreita colaboração com o novo pontífice.

Primeiras palavras
"A autoridade que temos é servir"

Nomeado prefeito do dicastério para os bispos em 12 de julho de 2023, monsenhor Robert Francis Prevost responde a Andrea Tornielli, jornalista do Vatican News*: "O senhor poderia desenhar um retrato falado do bispo para a Igreja de nosso tempo?"*

Antes de tudo, é preciso ser "*católico*": às vezes o bispo corre o risco de se concentrar apenas na dimensão local. Mas é bom para um bispo ter uma visão muito mais ampla da Igreja e da realidade, e experimentar essa universalidade da Igreja. É preciso também saber ouvir os outros e buscar conselhos, além de ter maturidade psicológica e espiritual. Um elemento fundamental do retrato falado é ser pastor, capaz de estar próximo aos membros da comunidade, começando pelos sacerdotes dos quais o bispo é pai e irmão. Viver essa proximidade a todos, sem excluir ninguém. O Papa Francisco falou das quatro proximidades: proximidade a Deus, aos irmãos bispos, aos sacerdotes e a todo o povo de Deus. Não devemos ceder à tentação de viver isolados, separados num edifício, satisfeitos por um determinado nível social ou por um certo nível dentro da Igreja. E não devemos nos esconder atrás de uma ideia de autoridade que hoje não faz sentido. A autoridade que temos é servir, acompanhar os sacerdotes, sermos pastores e mestres. Muitas vezes nos preocupamos em ensinar a doutrina, o modo de viver a nossa fé, mas corremos o risco de esquecer que a nossa primeira tarefa é ensinar o que significa conhecer Jesus Cristo e testemunhar a nossa proximidade ao Senhor. Isto vem primeiro: comunicar a beleza da fé, a beleza e a alegria de conhecer Jesus. Significa que nós mesmos o estamos vivendo e compartilhando essa experiência.

Cardeal Robert Francis Prevost,
prefeito do dicastério para os bispos
Roma, 30 de setembro de 2023

SEGUNDA PARTE

De um papa a outro

Capítulo 5

Os últimos dias do Papa Francisco

É impossível entender a escolha dos cardeais sem reviver os últimos dias de Francisco. A morte do 266º pontífice foi o ponto de partida de um cronograma bem estabelecido que levou à eleição do novo papa. Na segunda-feira, 21 de abril de 2025, coube ao camerlengo, o cardeal irlandês Kevin Farrell, anunciar a morte de Francisco. O anúncio não foi uma grande surpresa, dado o estado de saúde do papa argentino nos últimos meses, mas deixou o mundo em estado de tristeza e emoção. "Queridos irmãos e irmãs, é com profunda tristeza que tenho de anunciar a morte de nosso Santo Padre Francisco. Às 7h35 desta manhã, o bispo de Roma, Francisco, retornou à casa do Pai", disse o Cardeal Farrell. A mídia esqueceu de transcrever o restante da mensagem:

> Sua vida inteira foi dedicada a servir ao Senhor e à Igreja. Ele nos ensinou a viver os valores do Evangelho com fidelidade, coragem e amor universal, especialmente em favor dos pobres e marginaliza-

CAPÍTULO 5

dos. Com imensa gratidão por seu exemplo como verdadeiro discípulo do Senhor Jesus, confiamos a alma do Papa Francisco ao amor infinitamente misericordioso do Deus Trino.

A emoção foi ainda maior, naquelas primeiras horas da segunda-feira de Páscoa, porque Francisco havia aparecido no dia anterior na *loggia* da Basílica de São Pedro para dar ao mundo sua bênção *urbi et orbi*. "Irmãos e irmãs, feliz Páscoa", ele conseguiu articular com dificuldade, como se estivesse ecoando sua primeira aparição na sacada em 13 de março de 2013: "Irmãos e irmãs, boa noite."

No domingo, 20 de abril, foi a vez de o mestre de cerimônias ler o texto de Francisco, que estava presente, mas tinha apenas um sopro de voz:

> Queridos irmãos e irmãs, na Páscoa do Senhor, a morte e a vida enfrentaram-se num admirável combate, mas agora o Senhor vive para sempre (cf. Sequência pascal) e infunde em cada um de nós a certeza de que somos igualmente chamados a participar na vida que não tem fim, na qual já não se ouvirá o fragor das armas nem os ecos da morte. Entreguemo-nos a Ele, o único que pode renovar todas as coisas (cf. Ap 21, 5)!

Depois, houve o encontro final entre o papa e o povo de Deus, entre o pastor que carrega o cheiro de suas ovelhas, como o próprio Papa Francisco dissera: a bordo de seu papamóvel, ele partiu por um último passeio pela praça de São Pedro, abraçando uma criança que lhe foi apresentada. Exausto, extenuado, com o rosto inexpressivo, dominado pelo sofrimento físico, o Papa Francisco estava fazendo sua última aparição nessa via-sacra que ele havia iniciado algumas semanas antes.

Embora tenha sido submetido a várias operações cirúrgicas durante seu pontificado, sua última hospitalização na clínica Gemelli fora resultado de uma profunda deterioração em seu estado de saúde. Acometido por uma pneumonia bilateral, Francisco ficou hospitalizado por 38 dias. Em mais de uma noite, o relatório médico mostrara-se muito pessimista, mencionando "um quadro clínico complexo". Dias se passaram até que o papa aparecesse na janela de seu quarto. E nem mesmo um mês se passou entre sua alta do hospital romano e seu retorno ao Vaticano, teoricamente para uma convalescença de pelo menos dois meses. Alguns viram seu retorno como o desejo do papa de "voltar para casa". Foi em seu quarto na Casa de Santa Marta, onde vivera durante os doze anos de seu pontificado, que o Papa Francisco morreu, vítima, segundo a declaração publicada na noite de sua morte, de um "acidente vascular cerebral (AVC) e insuficiência cardiovascular irreversível".

Apesar das instruções para descansar, o papa fez algumas aparições assim que recebeu alta. Foi à Basílica de São Pedro sem batina, em sua cadeira de rodas, usando calças pretas simples e um poncho sobre os ombros. Nunca tentara esconder seu estado de saúde, ou mesmo sua fragilidade, desde que fora submetido à remoção parcial de um pulmão aos 21 anos de idade. De fato, após a dolorosa morte de João Paulo II e a renúncia do Papa Bento XVI, a questão de uma possível renúncia fora colocada para o Santo Padre: "Na realidade, mesmo durante minhas operações cirúrgicas, nunca pensei em renunciar", confidenciou em sua autobiografia, publicada em janeiro de 2025. Embora tenha escrito uma carta de renúncia em 2013, para o caso de não ser mais capaz de governar a Igreja — carta cuja existência ele revelou em 2022 —, "governa-se com a cabeça, e não com os joelhos", disse ele a seus detratores. Embora desejasse continuar suas atividades tanto quanto possível, e até mesmo suas viagens e deslocamentos, em seu testamento espiritual ele deu a entender que seus últimos anos haviam sido dolorosos: "O sofrimento, que se manifestou na última parte de minha vida, é uma oferta ao Senhor pela paz no mundo e pela fraternidade entre os povos."

Testamento espiritual do Papa Francisco

Em Nome da Santíssima Trindade. Amém.

Sentindo que se aproxima o ocaso da minha vida terrena e com viva esperança na Vida Eterna, desejo expressar a minha vontade testamentária somente no que diz respeito ao local da minha sepultura.

Sempre confiei a minha vida e o ministério sacerdotal e episcopal à Mãe do Nosso Senhor, Maria Santíssima. Por isso, peço que os meus restos mortais repousem, esperando o dia da ressurreição, na Basílica papal de Santa Maria Maior.

Desejo que a minha última viagem terrena se conclua precisamente neste antiquíssimo santuário Mariano, onde me dirigia para rezar no início e fim de cada Viagem Apostólica, para entregar confiadamente as minhas intenções à Mãe Imaculada e agradecer-Lhe pelo dócil e materno cuidado.

Peço que o meu túmulo seja preparado no nicho do corredor lateral entre a Capela Paulina (Capela da Salus Populi Romani) e a Capela Sforza desta mesma Basílica papal, como indicado no anexo.

O túmulo deve ser no chão; simples, sem decoração especial e com uma única inscrição: Franciscus.

As despesas para a preparação da minha sepultura serão cobertas pela soma do benfeitor que pro-

CAPÍTULO 5

> videnciei, a ser transferida para a Basílica Papal de Santa Maria Maior e para a qual dei instruções apropriadas ao Arcebispo Rolandas Makrickas, Comissário Extraordinário do Cabido da Basílica.
>
> Que o Senhor dê a merecida recompensa àqueles que me quiseram bem e que continuarão a rezar por mim. O sofrimento que esteve presente na última parte de minha vida eu o ofereço ao Senhor pela paz no mundo e pela fraternidade entre os povos.
>
> Santa Marta, 29 de junho de 2022

Em seu testamento, escrito em 29 de junho de 2022, festa de São Pedro e São Paulo, o papa expôs seus últimos pedidos. Nele, expressou principalmente seu desejo de ser enterrado na Basílica de Santa Maria Maior e não, como seus antecessores, na Basílica de São Pedro. Também afirma que os custos do sepultamento serão pagos por um benfeitor, e não pelo Vaticano. Essa disposição traz de volta a lembrança do Cardeal Bergoglio, recém-eleito papa, que foi pagar pelo quarto que ocupara em Roma durante o conclave de 2013.

Poderíamos transcrever as muitas reações à sua morte. Algumas serão suficientes para capturar a emoção serena de um homem que está enfrentando a morte. Emmanuel Macron destacou "a vocação de um homem que, ao longo de sua vida, lutou por mais justiça e por uma certa ideia de humanidade, uma humanidade fraterna".

Para Laurent Ulrich, arcebispo de Paris:

> Tão livre em suas palavras quanto em suas decisões, Francisco queria nos mover, nos sacudir do torpor em que o bem-estar econômico e o sentimento de pertença, especialmente na Europa, a uma Igreja bem estabelecida podem nos mergulhar. Em seus ensinamentos, ele nos incentivou a redescobrir a relevância, a beleza e a intransigência da mensagem de amor de Cristo, e estava empenhado em despertar nosso espírito de serviço e missão.

Por sua vez, o cardeal Jean-Marc Aveline, arcebispo de Marselha, enfatizou:

> O Papa Francisco tinha uma estatura e uma presença que a fraqueza dos últimos meses não diminuiu — muito pelo contrário. Lembraremos por muito tempo os últimos atos do Papa Francisco, [...] enfrentando as restrições de sua enfermidade para dar uma última bênção *urbi et orbi*: seu corpo doía, mas sua alma era missionária; seus gestos eram apertados, mas seu coração estava bem aberto.

Essa emoção permaneceu intacta por vários dias. Digna e pacífica, a multidão de fiéis, em uma procissão ininterrupta, prestou homenagem ao papa que viera de longe. Em seguida,

CAPÍTULO 5

no sábado, 26 de abril, houve a missa fúnebre na praça de São Pedro, sob um sol escaldante e com delegações de todo o mundo, quase todos os cardeais, 750 bispos e sacerdotes e 300 mil fiéis reunidos na praça de São Pedro e na Via della Conciliazione. A homenagem continuou por dias no túmulo de Francisco na Basílica de Santa Maria Maggiore, a igreja mais antiga de Roma dedicada a Maria. "Ele era um papa no meio do povo, com um coração aberto a todos", disse em sua homilia o cardeal Giovanni Battista Re, decano do Colégio de Cardeais, que presidiu o funeral.

No entanto, a sucessão do 266º papa já estava sendo preparada nas Congregações Gerais, as reuniões dos cardeais presentes em Roma, fossem eles eleitores ou não. Aqueles com mais de oitenta anos não tinham mais cédulas de votação, mas ainda podiam participar dos debates pré-conclave. Enquanto as primeiras congregações tratavam de assuntos atuais ou da organização dos funerais, as que se seguiram se concentraram mais no retrato do papa que deveria guiar a Igreja Católica a partir de 2025. Durante essas congregações, cada cardeal é convidado a falar. Foi nessa época, a propósito, que Bergoglio deixara sua marca.

As congregações também estão sujeitas ao mais estrito silêncio e sigilo. Cada cardeal foi convidado a falar, a dar uma opinião, a expressar um desejo para a escolha do papa e para o futuro da Igreja. Todas as manhãs, desde a morte do papa e em preparação para a eleição, os cardeais se revezavam para falar sobre uma ampla gama de tópicos, conforme explicou a assessoria de imprensa do Vaticano, sem revelar mais. Os temas variaram da "comunhão na Igreja e fraternidade entre as Igrejas", o "papel da Cúria em relação ao papa", o "serviço da Igreja e do papa para a paz" e o "valor da educação". De acordo com o comunicado, os cardeais também expressaram a esperança de que o próximo papa seja "profético" e que "a Igreja não se feche no cenáculo, mas saia e leve luz a um mundo que precisa desesperadamente de esperança", lembrando assim a importância do atual Jubileu.

Os ecos da intervenção de dom Donato Ogliari, abade da Abadia de São Paulo Fora dos Muros, em Roma, acabaram por chegar ao mundo exterior. Orientando a mediação do Colégio de Cardeais, ele lembrou tanto a dimensão espiritual quanto a pesada responsabilidade humana do próximo papa, que de fato estava ali presente e ouviu essas palavras dirigidas a ele sem saber:

> Ele terá que carregar o peso da Igreja com coragem e gentileza, avançar sem medo para enfrentar os desafios dos dias atuais e ser um sinal vivo, para todos, da proximidade misericordiosa do Senhor. A Igreja não deixará de manter seus olhos e coração bem abertos para os últimos da Terra.

Capítulo 6

Lições da História

O 267º sucessor de Pedro foi eleito. E um imenso sigilo prevaleceu em torno desse conclave para designar o novo bispo de Roma. No fim, descobriremos como os votos foram obtidos e como os cardeais viveram a clausura na Capela Sistina — não por uma curiosidade doentia, mas porque a eleição do Santo Padre é também uma oportunidade de ver personalidades surgirem, de sentir as sensibilidades da Igreja, de entender melhor o que o novo papa implementará, fortalecido pela confiança de seus irmãos cardeais.

Quanto mais o tempo passa, mais as circunstâncias das eleições anteriores são reveladas. Os conclaves precedentes podem nos ajudar a entender como os favoritos surgiram, às vezes longe do que os boatos públicos poderiam nos levar a crer. Como se desdobrou o escrutínio? No final, os cardeais acabam por falar, hipóteses são formuladas e verificadas pelos vaticanistas... Saber um pouco mais sobre o conclave também é uma maneira de pintar um retrato de um papa no início de seu pontificado. O sigilo dos procedimentos é um sinal da saúde da Igreja e da solidez do Colégio de Cardeais, e prenuncia o que será do pontificado. As eleições dos papas anteriores demonstram isso.

Francisco, vindo de longe

Sabemos que, no conclave que durou de 12 a 13 de março de 2013, Jorge Mario Bergoglio ficou nas cabeças no primeiro turno, ao lado de Angelo Scola e Marc Ouellet. Na terceira rodada, o arcebispo de Buenos Aires teria recebido cerca de cinquenta votos e, na rodada seguinte, 67. Um conclave também é cheio de pequenos incidentes: novamente em 2013, a quinta rodada, que teoricamente deveria ter levado à eleição do papa, foi cancelada, pois os escrutinadores contabilizaram uma 116ª cédula em branco. No sexto turno, Bergoglio foi eleito com noventa votos (outras fontes falam em 85), quando era necessário um mínimo de 77. Ele então assumiu o nome de Francisco. O conclave começara no dia anterior e terminara após um dia inteiro de votação. Pouco tempo depois das sete horas da noite, a fumaça branca anunciou a eleição do papa.

Bento XVI, o sucessor lógico

Em 18 de abril de 2005, as portas da Capela Sistina foram seladas para a escolha do sucessor do falecido Papa João Paulo II. O Papa João Paulo II presidira o destino da Igreja universal por mais de 26 anos: a maioria dos cardeais lhe devia seus barretes, e pouquíssimos haviam participado de um conclave. De qualquer forma, a eleição durou dois dias e em quatro votações. Na noite de 18 de abril, a fumaça preta indicou que houvera uma votação inicial, negativa. No dia seguinte, mais precisamente às 17h56, a fumaça branca anunciou a eleição de Joseph Ratzinger, que assumiu o nome de Bento XVI.

Não demorou muito para que surgissem informações sobre o rápido progresso do conclave de 2005. Um cardeal bastante tagarela revelou em setembro que um certo Bergoglio, que viera da Argentina, havia recebido grande número de votos, impedindo que o cardeal alemão fosse eleito muito rapidamente. É verdade que, de acordo com essa fonte, Ratzinger havia obtido 47 votos já no primeiro turno, sendo a maioria de dois terços obtida com 77. Bergoglio ali tivera apenas cerca de uma dezena, enquanto os cardeais italianos ficaram muito atrás. Até mesmo um bom papável, como o Cardeal Carlo Maria Martini, atraíra poucos votos, já que o arcebispo de Milão não escondia sofrer do mal de Parkinson. Para o segundo turno, a partir da manhã do dia 19 de abril, as negociações se intensificaram em favor dos reformistas, que queriam bloquear o Cardeal Ratzinger. Ratzinger recebeu 65 votos e Bergoglio, 35. Na terceira rodada, o cardeal argentino havia alcançado a minoria de bloqueio com 40 votos, ou seja, mais de um terço dos votos, em comparação com os 72 de Ratzinger, que estava a apenas 5 de ser eleito. Diz-se que Bergoglio se retirou e que ele e o Cardeal Martini conseguiram convencer Ratzinger a aceitar isso, a fim de preservar a unidade do Colégio de Cardeais a serviço da Igreja. Essa é uma prova, se é que alguma é necessária, de que as negociações podem ser cruciais durante esses dias de conclave, colocando em jogo personalidades e sensibilidades. Na quarta rodada, a eleição foi decidida, com 84 votos para o cardeal alemão e 26 para Bergoglio. Não se imaginava que o cardeal argentino estaria de volta no próximo conclave.

João Paulo II, um jovem papa

A eleição de João Paulo II foi mais trabalhosa. É verdade que os cardeais, convocados pela segunda vez em menos de dois meses, tinham motivos para estar preocupados. O ano de 1978 fora o ano de três papas: Paulo VI, João Paulo I e, depois, João Paulo II. O conclave de outubro de 1978 foi convocado após a morte repentina e inesperada de João Paulo I, no dia 28 de setembro de 1978. O Colégio de Cardeais o havia eleito em 26 de agosto do mesmo ano. Uma nova eleição teve de ser realizada após apenas seis semanas.

Em 14 de outubro de 1978, dez dias após o funeral de João Paulo I, as portas da Capela Sistina foram trancadas, mas o que estava acontecendo lá dentro logo foi revelado. Giuseppe Siri, um arcebispo conservador de Gênova, ficou par a par com o arcebispo — mais reformista — de Florença, Giovanni Benelli. Embora o último estivesse mais alinhado com o falecido papa, o confronto entre as duas partes estava muito parelho para que se obtivesse uma maioria de dois terços. O cardeal alemão Franz König instigou a sugestão de um candidato de compromisso na figura do cardeal Karol Wojtyla. No terceiro dia do conclave e na oitava rodada, o arcebispo de Cracóvia foi eleito com, muito provavelmente, 99 votos dos 111 eleitores. Às 18h18, a fumaça branca saiu da chaminé da Capela Sistina, sinalizando ao mundo a eleição de um novo pontífice.

João Paulo I, em quatro rodadas

O conclave de agosto de 1978, que nomeou Albino Luciani, foi o primeiro após o Concílio Vaticano II. Tratava-se do primeiro conclave em que os cardeais com mais de oitenta anos se viam excluídos, de acordo com a vontade de Paulo VI. O conclave ocorreu em um momento difícil. Paulo VI, exausto, não tinha mais certeza de como governar a Igreja, e sobre o futuro papa recaíam grandes expectativas. Foi no meio do verão e em condições bastante desconfortáveis que esse conclave se deu: nos dias 25 e 26 de agosto.

Desde o início dos debates, os italianos lideraram o caminho: Giuseppe Siri, arcebispo de Gênova, pelos conservadores, e Giovanni Benelli, da Arquidiocese de Florença, pelos progressistas, num ensaio para o conclave que aconteceria em outubro. Diante de um impasse, todos os olhos se voltaram para Albino Luciani, Patriarca de Veneza. Um papa de compromisso eleito em quatro rodadas: às 18h24, no segundo dia do conclave, os primeiros sinais de fumaça se elevaram da chaminé da Capela Sistina. No entanto, durante mais de uma hora, os fiéis aglomerados na praça São Pedro não conseguiam distinguir a verdadeira cor da fumaça... Surgindo na sacada da basílica, João Paulo I — logo apelidado de o "papa do sorriso" — fez uma primeira aparição e, depois, uma segunda, sendo aclamado pela multidão.

Diferentes contagens foram divulgadas para a eleição de Albino Luciani. É difícil dar qualquer credibilidade a elas, exceto para medir quantos votos ele conseguiu reunir gradualmente em torno de seu nome. Com 23 votos no primeiro turno, de um total de 111 eleitores, o patriarca de Veneza estava muito longe de vencer. Todavia, a quarta rodada se transformou num verdadeiro plebiscito, com, dependendo da versão, 96, 99 ou até 102 votos. "Que Deus os perdoe pelo que fizeram", declarou o papa de 65 anos, que já naquele momento deve ter sentido que o fardo era pesado demais para seus ombros. Trinta e três dias mais tarde, ele foi encontrado morto, levado durante o sono.

Capítulo 7

Cardeais de todo o mundo

Eles escolheram o papa. Eles o escolheram e, embora tenham sido obrigados a permanecer em silêncio, a soma de seus perfis dá-nos uma boa compreensão do que deve ter acontecido na Capela Sistina e seus bastidores. A nomeação do novo papa seguiu um procedimento rigoroso, impondo a todos o sigilo. É difícil saber o que realmente contou na eleição do novo pontífice a partir do coração desse colégio de cardeais, que fora completamente renovado pelo Papa Francisco durante seu pontificado. Os cardeais não devem revelar o conteúdo dos debates realizados na Capela Sistina. Ninguém tem permissão para dizer quais cardeais receberam votos ou qual era o resultado da votação até que a pessoa eleita tenha recebido dois terços dos votos. Agora que a sorte foi lançada, resta decifrar, por meio dos vários equilíbrios do colégio sagrado, qual foi o fator determinante, em termos de sensibilidades, origens geográficas, idade...

A criação de vários cardeais ao longo do pontificado de Francisco claramente moldou o eleitorado, mas não apenas

CAPÍTULO 7

isso. O que é notável sobre essas nomeações é que elas se voltaram mais para os homens do campo, os pastores de dioceses, do que para os prelados do Vaticano. Nada menos que 163 cardeais foram nomeados nos dez consistórios estabelecidos por Francisco. Quando de sua morte, eram 252 os cardeais nomeados pelos últimos pontífices.

O que os analistas já haviam apontado era que, dos 133 cardeais eleitores, 108 haviam sido nomeados por Francisco. Eles representavam, portanto, 79,6% do Colégio de Cardeais, enquanto apenas 22 haviam sido criados pelo Papa Bento XVI, ou 16,8%, e cinco por João Paulo II, ou 3,6%. Portanto, somente 27 cardeais já haviam passado por um conclave, o mesmo que escolhera Francisco em 2013.

A maioria do colégio eleitoral, portanto, era de cardeais nomeados pelo Papa Francisco. Isso não necessariamente significa muito, dada a diversidade dos perfis que receberam a púrpura. Certamente, aqueles que devem seu barrete a Francisco tinham todos os motivos para designar um sucessor segundo a tradição do papa argentino.

O papel dos 117 não eleitores não deve ser negligenciado, ainda que nem todos tenham ido a Roma. Com mais de oitenta anos, eles não hesitaram em fazer com que suas vozes fossem ouvidas nas congregações — só não passaram mesmo das portas da Capela Sistina! Qual era o peso dessas vozes? É difícil dizer, mas foram importantes para garantir que as sensibilidades pudessem ser claramente expressas. Eles puderam compartilhar sua experiência com os eleitores, principalmente, por exemplo, porque eram da mesma nacionalidade, pertenciam à mesma ordem religiosa ou simplesmente se conheciam antes de as congregações se reunirem. Cardeais como Christoph Schönborn, Giovanni Battista Re, Marc Ouellet e Angelo Scola, com sua experiência como papáveis em 2013, puderam usar sua influência durante as congregações sem nem mesmo ter direito a voto.

Contudo, na época do conclave, havia outros critérios que poderiam ser levados em conta, em especial a origem geográfica dos referidos cardeais. A predominância da Europa está sendo seriamente corroída pelas muitas nomeações dos países do Sul. Pela primeira vez na história da Igreja, os cardeais europeus eleitores não eram maioria. Da eleição de Bento XVI participaram 55 cardeais europeus; na do papa argentino, 61; e apenas 53 no conclave de 2025. Os cardeais italianos — muitas vezes da Cúria — eram 28 na eleição de 2013 e apenas 17 desta vez. Há também certa proporção entre a África (18 cardeais votantes), os 21 eleitores da América do Sul, os 23 da Ásia e os 16 da América do Norte.

Uma análise mais detalhada da composição do Colégio de Cardeais mostra que as novas nomeações do Papa Francisco não perturbam o equilíbrio continental em termos de números, mas diversificam os países de origem. De fato, 71 países estão representados nessa assembleia de cardeais eleitores, das Ilhas Maurício à Mongólia, do Sudão do Sul à Argélia, para citar apenas algumas das Igrejas menores. Além das estatísticas — que, como sabemos, não tiveram muito peso para

CAPÍTULO 7

o Papa Francisco em sua decisão de fazer um ou outro prelado cardeal —, elas testemunham uma grande diversidade de idiomas, culturas e até mesmo de vidas eclesiais, o que representava um desafio a mais para os participantes do conclave.

Dos 135 cardeais convocados para a eleição, 53 eram da Europa; 23 da Ásia; 21 da América Central e do Sul; dezoito da África; dezesseis da América do Norte (incluindo dez dos Estados Unidos); quatro da Oceania; e três do Oriente Médio. Essa é a primeira vez em um conclave em que os cardeais europeus não têm a maioria.

Poucos dias antes do início das votações, dois cardeais anunciaram que não participariam da eleição por motivos de saúde: o cardeal Antonio Cañizares Llovera, arcebispo emérito de Valência, e o cardeal John Njue, arcebispo metropolitano emérito de Nairóbi, no Quênia, alterando a distribuição nacional, com 17 eleitores africanos e 52 europeus.

Outro critério a ser considerado é se o candidato pertence a uma ordem religiosa. Por exemplo, o Cardeal Jean-Claude Hollerich, arcebispo de Luxemburgo, que poderia ter sido um bom candidato, acabou sendo punido, de certa forma, por sua filiação à Sociedade de Jesus. O fato de ele ser jesuíta, como o falecido papa, era uma verdadeira desvantagem. Entre os eleitores, 33 cardeais pertenciam a dezoito famílias religiosas. Havia cinco salesianos, seguidos de quatro franciscanos e quatro jesuítas.

Será que a idade deve ser levada em consideração? Os cardeais certamente levantaram a questão, com as vantagens e desvantagens de um papa jovem ou mais velho. A renúncia de Bento XVI — ele tinha 85 anos na época — abriu caminho para uma possível "aposentadoria" dos papas. Francisco havia mencionado isso, embora tenha rejeitado a ideia de haver dois papas eméritos. É possível observar quão longa foi a vida dos últimos Papas, de Paulo VI (80) a Francisco (88), João Paulo II (84) a Bento XVI, que morreu aos 95 anos. Quando se chega a certa idade, o papado não se torna um fardo pesado demais, especialmente para um homem de oitenta anos? Além disso, escolher um papa mais jovem também significa iniciar um pontificado longo (como o de João Paulo II, eleito aos 58 anos). O desafortunado João Paulo I, morto aos 65 anos, é o único contraexemplo.

Embora esses diferentes elementos pudessem determinar o voto dos cardeais eleitores, é preciso dizer que o retrato do papa se fazia tão complexo que é muito difícil saber o que foi determinante. "Qualquer que seja a forma do conclave, é sempre o Espírito Santo que faz o Papa", teria dito Blaise Pascal em sua época.

Primeiras palavras

"De Cardeal Prevost a Papa Leão XIV"

Pregar o Evangelho

Quando listamos nossas prioridades e avaliamos os desafios que temos pela frente, precisamos estar cientes de que as urgências da Itália, da Espanha, dos Estados Unidos, do Peru ou da China, por exemplo, quase certamente não são as mesmas, exceto em uma coisa: o desafio subjacente que Cristo nos deixou, de pregar o Evangelho, e isso permanece igual em todos os lugares.

Revue des Augustiniens, 30 de setembro de 2023

Ouvintes dóceis à Palavra

É o Ressuscitado, presente no meio de nós, que protege e guia a Igreja e que continua a reavivá-la na esperança, através do amor "derramado nos nossos corações pelo Espírito Santo que nos foi dado" (Rm 5, 5). Cabe a cada um de nós tornarmo-nos ouvintes dóceis da sua voz e ministros fiéis dos seus desígnios de salvação, recordando que Deus gosta de se comunicar, mais do que no estrondo do trovão e do terremoto, no "murmúrio de uma brisa suave" (1 Rs 19, 12) ou, como alguns traduzem, numa "leve voz de silêncio". Este é o encontro importante, a que não se pode faltar, e para o qual devemos educar e acompanhar todo o santo Povo de Deus que nos está confiado.

Leão XIV perante os cardeais em 10
de maio de 2025, Cidade do Vaticano

A atualidade do Vaticano II

A este respeito, gostaria que hoje renovássemos juntos a nossa plena adesão a este caminho, que a Igreja universal percorre há décadas na esteira do Concílio Vaticano II. O Papa Francisco recordou e atualizou magistralmente os seus conteúdos na Exortação Apostólica *Evangelii gaudium*, da qual gostaria de sublinhar alguns pontos fundamentais: o regresso ao primado de Cristo no anúncio; a conversão missionária de toda a comunidade cristã; o crescimento na colegialidade e na sinodalidade; a atenção ao *sensus fidei*, especialmente nas suas formas mais próprias e inclusivas, como a piedade popular; o cuidado amoroso com os marginalizados e os excluídos; o diálogo corajoso e confiante com o mundo contemporâneo nas suas várias componentes e realidades.

Leão XIV perante os cardeais em 10
de maio de 2025, Cidade do Vaticano

Capítulo 8

Um conclave bastante secreto

O que aconteceu depois que a porta se fechou atrás dos cardeais eleitores? Nada sabemos sobre o que pode ter ocorrido na Capela Sistina, onde ocorreu a eleição do novo papa. Tudo o que sabemos é como essas horas intensas e importantes para a Igreja universal se desenrolaram. Em nossa sociedade hipermidiatizada, imagem ou palavra nenhuma surgiu das deliberações dos cardeais — ao menos por enquanto, pois sempre há as informações que vazam com o passar do tempo.

Os cardeais tomaram posse de seus aposentos na terça-feira, 6 de maio, véspera do conclave. Antes de entrar na Capela Sistina para a eleição, os 133 eleitores se instalaram em quartos individuais na Casa de Santa Marta, onde o Papa Francisco morara durante seu pontificado. O quarto-escritório de Francisco permaneceu lacrado desde sua morte. Foi a João Paulo II que os cardeais devem essa residência: durante as eleições anteriores, os cardeais ficavam alojados em condições muito espartanas, como o Cardeal Alexandre Renard, arcebispo de Lyon, testemunhou na época do primeiro conclave de 1978, aquele que elegeu João Paulo I: "Cama militar, bacia e jarro de água, escrivaninha; um acampamento de pobres que muito convém àqueles que se reúnem pelo Evangelho!", comenta o Primaz dos Gauleses. "Estamos enclausurados no sentido mais estrito da palavra: portas fechadas para o exterior, janelas escurecidas com tinta e fechadas com lacre, sem rádio ou jornais. Em suma: um retiro propício à reflexão e à oração!" Em 1996, João Paulo II decidiu construir a Casa de Santa Marta, que Francisco transformaria em local de trabalho e vida.

Em seus corações, os cardeais tinham a tarefa e o dever de designar a pessoa que desejavam como sucessor de São Pedro. Tratava-se de uma tarefa pesada, informada pelas trocas de ideias desde a morte de Francisco e também pelos desafios enfrentados pela Igreja. Não sabemos o que eles disseram. A eleição de um papa nunca é fácil. São frequentemente citadas as palavras de São Bernardo de Claraval, que teria sido abordado durante um conclave. Diante das hesitações dos cardeais que o consultaram, seu conselho foi claro:

> O primeiro candidato é um santo? Então que ele reze alguns pai-nossos por nós, pobres pecadores. O segundo candidato é culto? Que escreva algum livro erudito. O terceiro é prudente? Que ele nos governe e se torne papa.

Quanto ao ritual extremamente preciso vivenciado pelos cardeais, teve início na manhã do próprio conclave. Os cardeais se reuniram para a solene Missa *Pro Eligendo Romano Pontifice* na Basílica de São Pedro. A cerimônia, aberta ao público, foi presidida pelo cardeal italiano Giovanni Battista Re, decano do Colégio cardinalício. Os cardeais sem direito a voto, bem como todos os fiéis, bispos, padres, diáconos, religiosos e leigos, puderam rezar uma última vez com os 133 cardeais eleitores. Foi, portanto, somente nas últimas horas antes do conclave de fato que a curiosidade dos fiéis se viu satisfeita. Da mesma forma, à tarde, na última imagem oferecida ao mundo antes do conclave propriamente dito, os cardeais entoaram o *Veni creator* enquanto se dirigiam em procissão para a Capela Sistina. Vestidos com o roquete e a mozeta das grandes festas, e ostentando seus barretes, os príncipes da Igreja ingressaram no conclave num movimento muito solene. Sob a abóbada decorada com a Criação de Michelangelo, de frente para o famoso *Juízo final*, os cardeais fizeram seu juramento:

> Nós todos e cada um dos cardeais eleitores, presentes nesta eleição do Sumo Pontífice, prometemos, obrigamo-nos e juramos observar fiel e escrupulosamente todas as prescrições contidas na Constituição Apostólica do Sumo Pontífice João Paulo II, *Universi Dominici Gregis*, emanada a 22 de fevereiro de 1996.
>
> De igual modo, prometemos, obrigamo-nos e juramos que quem quer de nós que, por divina disposição, for eleito Romano Pontífice comprome-

CAPÍTULO 8

ter-se-á a desempenhar fielmente o *munus Petrinum* de Pastor da Igreja universal e não cessará de afirmar e defender estrenuamente os direitos espirituais e temporais, assim como a liberdade, da Santa Sé.

Sobretudo prometemos e juramos observar, com a máxima fidelidade e com todos, tanto clérigos como leigos, o segredo acerca de tudo aquilo que, de algum modo, disser respeito à eleição do Romano Pontífice e sobre aquilo que suceder no lugar da eleição, concernente direta ou indiretamente ao escrutínio; não violar, de modo nenhum, este segredo, quer durante quer depois da eleição do novo Pontífice, a não ser que para tal seja concedida explícita autorização do próprio Pontífice; não dar nunca apoio ou favor a qualquer interferência, oposição ou outra forma qualquer de intervenção pelas quais autoridades seculares de qualquer ordem e grau, ou qualquer gênero de pessoas, em grupo ou individualmente, quisessem imiscuir-se na eleição do Romano Pontífice.

Cada cardeal faz, então, um juramento próprio, pondo a mão sobre o Evangeliário: "E eu, *N. cardeal N.*, prometo, obrigo-me e juro. Assim Deus me ajude, e a estes Santos Evangelhos, que toco com a minha mão."

É assumido, pois, o compromisso de não revelar nada sobre as deliberações e as várias votações. Nenhuma transcrição ou registro é tolerado, nem mesmo as anotações, que são queimadas à medida que os votos são feitos. Depois que o último dos cardeais eleitores faz o juramento, o mestre das celebrações litúrgicas pontifícias exorta: *Extra omnes!* Todos para fora! E todas as pessoas de fora do conclave têm de deixar a capela. Os cardeais vivem em total isolamento durante esse período, sem contato com o mundo exterior, a fim de garantir que o processo permaneça sagrado e secreto. Essa solenidade ancestral confere ao conclave sua gravidade, mas também garante a liberdade de cada cardeal, segundo um procedimento bem estabelecido. Eles tiveram tempo de rezar, meditar e debater antes de cada votação.

Sob a presidência do Cardeal Pietro Parolin, a primeira votação foi organizada na primeira tarde, seguindo um protocolo muito preciso. Cada cardeal recebeu cédulas de votação nas quais estavam escritas as palavras *Eligo in Summum Pontificem*, seguidas de um espaço em branco para que escrevessem o nome de sua escolha. Em seguida, eles se apresentaram para colocar a cédula na urna sobre o altar, pronunciando em voz alta, em latim, a seguinte frase: "Dou testemunho a Cristo, o Senhor, que me julgará, de que dou meu voto à pessoa que, segundo Deus, julgo que deve ser eleita." A contagem dos votos seguiu prescrições muito precisas.

A votação foi realizada em duas sessões por meio dia. As cédulas foram contadas sob supervisão. Eram perfuradas com uma agulha e presas a um fio para ficarem juntas. Tudo se repetiu até a eleição do papa, ou seja, daquele que obtivesse pelo menos dois terços dos votos: nesse caso, 89. A pessoa eleita foi então questionada se aceitava o cargo: "Aceitas tua eleição canônica como Sumo Pontífice?" A resposta foi: *Accepto*. Com o consentimento, o eleito viu-se questionado: "Por qual nome desejas ser chamado?" Ele foi então conduzido até a pequena Sala das Lágrimas, onde vestiu a batina branca — havia três tamanhos diferentes disponíveis. A pequena capela, medindo 9 metros quadrados, adjacente à Capela Sistina, recebeu esse nome por causa das lágrimas que os sucessivos papas devem ter derramado ao perceberem o que se lhes acontecia. Assim vestido, ele retornou à Capela Sistina e cada cardeal o saudou, jurando obediência ao novo chefe da Igreja, muitas vezes com expressões de afeto e emoção.

Enquanto isso, o público na praça de São Pedro ainda não tinha certeza do que estava acontecendo. Enquanto a fumaça fosse preta, a eleição ainda não teria sido concluída. Se a fumaça a sair da chaminé da Capela Sistina fosse branca, era sinal para o mundo de que um papa havia sido eleito. Os sinos tocavam, mas ainda era preciso esperar até que o cardeal protodiácono aparecesse na sacada da Basílica de São Pedro.

Em 2013, um francês, o Cardeal Jean-Louis Tauran, já havia tido a honra de anunciar a eleição do Papa Francisco. Em 2025, foi o cardeal francês Dominique Mamberti quem teve o privilégio de proferir a famosa fórmula na *loggia* da Basílica: *Annuntio vobis gaudium magnum! Habemus Papam.* "Eu lhes anuncio uma grande alegria! Temos Papa." A vida pública do 267º bispo de Roma começou sob grande aclamação em sua primeira bênção *urbi et orbi*.

TERCEIRA PARTE

Os desafios da Igreja

Capítulo 9

O estilo de Bergoglio como legado

Eleito papa aos 76 anos de idade, Jorge Mario Bergoglio sentiu a necessidade urgente de reformar a Igreja universal. Esse fora um dos motivos da renúncia de Bento XVI, que reconhecera não ter mais forças para realizar esse trabalho pesado, especialmente em vista dos escândalos de abuso sexual na Igreja. Contudo, no dia de sua eleição, a idade do papa argentino gerou temores de que ele não teria o tempo necessário para agir com eficácia. Ele mesmo reconheceu isso, especialmente em agosto de 2014, durante sua viagem à Coreia do Sul. Na coletiva de imprensa no avião de volta, o pontífice falou sobre sua morte: "Sei que não demorará muito. Dois ou três anos. E, então, para a Casa do Pai!" O que era para ser um pontificado de transição durou doze anos, porém. Foi tempo suficiente para realizar muitas reformas e deixar um legado significativo, mesmo que as questões abordadas nunca sejam encerradas de uma vez por todas.

Antes de abordar as questões que se encontram em curso, é necessário fazer uma rápida avaliação do pontificado de

Bergoglio. Houve certas "reformas" estilísticas — conservar os sapatos pretos, fazer uso extensivo do telefone para entrar em contato com velhos amigos, recorrer a frases de impacto para conseguir mudar as coisas... Na verdade, essa era uma das maneiras do Papa Francisco (muito jesuíta?) de trabalhar, mesmo nas questões teológicas mais sensíveis: ele introduz uma ideia, abre uma pequena porta em um documento que trata de uma questão mais ampla... Foi isso o que levou os leitores da exortação apostólica *Amoris laetitia* (2016) a esperar que os divorciados e recasados pudessem ter acesso à Eucaristia. Com efeito, foi numa nota de rodapé que o papa explicou sua posição: a nota 351, que descreve a noção do que pode ser a "ajuda dos sacramentos": "A Eucaristia [...] não é um prêmio para os perfeitos, mas um remédio generoso e um alimento para os fracos." E ainda, noutra parte: "Tampouco as portas dos sacramentos devem ser fechadas por qualquer motivo." Quanto à maneira pela qual esses fiéis podem acessar a comunhão, também aqui se aplica o método de Francisco: cabe a cada indivíduo — e não por uma decisão do alto — descobrir o caminho que acompanhará seu retorno aos sacramentos.

Antes de abordar as reformas da Igreja, Francisco enfatizou fortemente o compromisso dos católicos com os membros mais fracos da sociedade. O papa argentino, cujos pais haviam deixado a Itália no ano de 1929 em busca de uma vida melhor do outro lado do Atlântico, deixou em seu pontificado a marca de uma preocupação constante com os migrantes — a começar com sua primeira viagem fora de Roma, em 8 de julho de 2013, para a ilha de Lampedusa. O poder daquela imagem, e também o poder de uma homilia marcante, fez do Papa Francisco o porta-voz dos náufragos: "Desde há algumas semanas, quando tive conhecimento desta notícia (que infelizmente continua a se repetir tantas vezes), o caso volta-me continuamente ao pensamento como um espinho no coração que machuca", enfatiza o papa, referindo-se aos migrantes que tinham morrido no Mediterrâneo. "Caímos na globalização da indiferença. Habituamo-nos ao sofrimento do outro, não nos diz respeito, não nos interessa, não é responsabilidade nossa!"

De fato, esse é outro problema que ficou como legado não resolvido.

Eleito para reformar a Igreja, Francisco começou colocando em ordem as finanças do pequeno Estado do Vaticano. Em seu primeiro ano, criou um dicastério para a economia, confiado ao cardeal australiano George Pell. A luta contra a lavagem de dinheiro foi gradualmente intensificada pela Autoridade de Supervisão Financeira. O IOR, o banco do Vaticano, que tem uma reputação infeliz, passou por uma grande reforma a fim de lograr maior transparência, sobretudo depois que a Santa Sé perdeu cem milhões de euros em um negócio imobiliário duvidoso realizado pelo cardeal Becciu, que mais tarde acabaria por ser condenado por fraude.

Quanto à Cúria, que é o órgão central de governo da Igreja Católica, ela foi reformada após muita reflexão. Foi somente em março de 2022 que o papa publicou a Constituição Apostólica *Praedicate Evangelium*, que substituiu a *Pastor bonus*, promulgada por João Paulo II em 1988. O objetivo desse texto normativo de cinquenta páginas é introduzir uma governança mais flexível da Cúria por meio dos cerca de 250 artigos que contém. A Cúria não é mais vista como um órgão de controle centralizador, mas como um órgão de apoio aos bispos em suas dioceses. A nova constituição fortalece o poder do papa e enfatiza o cuidado pastoral. Essa reforma da Cúria fora incluída no "roteiro" do Papa Francisco quando de sua eleição. Ao longo de seu pontificado, o papa fez alterações sucessivas até finalmente revelar o texto final, pegando todos de surpresa a fim de vencer qualquer resistência remanescente.

Há outra questão que tem atormentado todo o pontificado de Francisco: o abuso sexual na Igreja. O Papa Bento XVI já havia sofrido com esse assustador flagelo. No Ocidente, as revelações se multiplicaram desde a década de 2010. Bento XVI conheceu as vítimas, especialmente durante suas viagens, e destituiu quatrocentos padres abusadores. Foi sob seu pontificado que veio à tona o escândalo de Marcial Maciel Degollado, fundador dos Legionários de Cristo que levava uma vida dupla e acabou destituído de todas as suas funções. Dizer que em 2013, quando Francisco foi eleito, a crise de abuso sexual na Igreja continuava sendo um desafio terrível não passaria de um eufemismo. Seguindo os passos de seu antecessor, Francisco recebeu e ouviu as vítimas de abuso sexual, que sofreram agressões que, às vezes, vinham há décadas causando traumas profundos e duradouros. O papa incentivou as investigações sobre os padres e bispos implicados em casos de violência sexual e abuso de menores por membros do clero, permitindo procedimentos mais rápidos e disponibilizando documentos, até mesmo a ponto de levantar o sigilo papal. Num *motu proprio* publicado em maio de 2019 e intitulado *Vos estis lux mundi*, o papa continua esclarecendo os procedimentos para lidar com o crime de pedofilia, insistindo especialmente na obrigação de denunciá-lo.

Ao escolher o primeiro nome de Francisco, o 266º papa estava seguindo resolutamente os passos do *poverello* de Assis, e sua atenção aos pobres é uma expressão disso. Mas há ainda outra área que o papa argentino assumira do santo dos passarinhos e do lobo de Gubbio: a natureza, agora conhecida como ecologia.

> Louvado sejas, meu Senhor, com todas as tuas criaturas,
> especialmente o dom irmão Sol,
> que é o dia, e por si só a nós nos alumia,
> e ele é belo, radiante, com grande esplendor [...].
> Louvado sejas, meu Senhor, pela irmã nossa, a mãe Terra,
> que nos sustenta e nos governa, e
> produz diversos frutos, flores variegadas e ervas.

O *Cântico das Criaturas* de Francisco de Assis influenciou o título da segunda encíclica do papa: *Laudato si'*. E seu subtítulo resume isso muito bem: "Sobre o cuidado da casa comum." Em outras palavras, se o título é uma canção de louvor — e Francisco frequentemente nos convida à alegria em seus textos, encíclicas e exortações —, seu texto também é um chamado para ter em conta a crise ecológica e climática:

> Lanço um convite urgente a renovar o diálogo sobre a maneira como estamos construindo o futuro do planeta. Precisamos de um debate que nos una a todos, porque o desafio ambiental, que vivemos, e as suas raízes humanas dizem respeito e têm impacto sobre todos nós. O movimento ecológico mundial já percorreu um longo e rico caminho, tendo gerado numerosas agregações de cidadãos que ajudaram na consciencialização. Infelizmente, muitos esforços na busca de soluções concretas para a crise ambiental acabam, com frequência, frustrados não só pela recusa dos poderosos, mas também pelo desinteresse dos outros. (§ 14)

Essa encíclica não só mobilizará os católicos a tomarem medidas em favor do meio ambiente, mas também terá grande impacto para além da Igreja, especialmente na conferência climática COP21 em Paris, realizada em 2015. Para Francisco, esse é um compromisso que vai além da proteção ambiental: trata-se, em suas palavras, de uma "ecologia integral", sob a qual jaz a ideia de que "tudo está ligado": os desafios ambientais, sociais, econômicos e espirituais estão interconectados. Em 2023, em sua nova encíclica sobre ecologia, a *Laudato Deum*, o papa se tornou ainda mais insistente em favor do abandono dos combustíveis fósseis, do desenvolvimento sustentável e da ecologia integral, colocando em xeque os países ricos com pouca disposição para lidar com a emergência climática. Essa é uma questão central para o futuro da humanidade e que o novo papa, seguindo os passos de seu antecessor ecologicamente correto, não pode se dar ao luxo de ignorar.

Capítulo 10

Os doze trabalhos do novo papa

Uma vez eleito, o que espera o novo papa? Ou melhor, o que se espera dele? Embora o Papa Francisco tenha exercido suas responsabilidades até o fim, mesmo durante sua hospitalização, claro está que, durante semanas, foi a administração do Vaticano que cuidou dos assuntos do dia a dia. E, embora o novo chefe da Igreja tenha entrado em um período de adaptação e descoberta, ele logo enfrentará desafios importantes. Será que se preocupará com os desafios internos da Igreja, especialmente diante das sensibilidades que estão se formando entre progressistas e conservadores? Será que ele almejará, como fez seu antecessor, dirigir-se sobretudo à sociedade contemporânea e ao mundo dos que não creem? Os primeiros cem dias servirão como sinal, com o desafio que ele terá de impor seu estilo, a sua maneira de intervir na imprensa e o uso do capital de simpatia de que goza desde sua eleição.

CAPÍTULO 10

Uma Igreja para os pobres

Em primeiro lugar, a própria definição de Igreja precisa ser delineada. Para o Papa Francisco, ela era um "hospital de campanha", ou até mesmo um poliedro — forma geométrica usada por Francisco, e não muito compreensível —, mas certamente não "um posto alfandegário". Os padres foram convidados a sentir "o cheiro de suas ovelhas". O papa jesuíta havia escolhido o nome do *poverello* de Assis, São Francisco, como um convite à abnegação. Morar na Casa de Santa Marta em vez de morar nos apartamentos papais era um sinal forte e que pesará muito sobre os ombros do sucessor. E é todo o governo da Igreja que está presente nessas decisões, aparentemente. Ainda nos lembramos dos primeiros passos de Francisco no dia de sua eleição, aparecendo na *loggia* com apenas uma batina branca, enquanto Bento XVI havia escolhido, para manter a continuidade, apresentar-se com as vestes litúrgicas do novo pontífice. E, mesmo antes de aparecer diante dos olhos dos fiéis, é o nome que constitui um sinal forte. Devemos continuar nesse caminho de sobriedade, de uma Igreja pobre encarnada por um papa humilde? Ou devemos nos lembrar da grandeza da Igreja universal, com seus 1,4 bilhão de fiéis em todo o mundo, uma Igreja que é farol para a humanidade, orgulhosa da mensagem que carrega, mesmo que seja em vasos de barro?

Seja seguindo os passos de Francisco, seja reivindicando uma herança mais radiante, os primeiros sinais não definirão o novo pontificado. Os papas sucessivos, desde o século XX, mostram personalidades fortemente marcadas pelo peso do cargo, que podem se revelar em suas novas responsabilidades. João XXIII, considerado um papa de transição, convoca o Concílio Vaticano II. Bento XVI surpreende a todos ao renunciar ao seu ministério. Francisco, o reservado arcebispo de Buenos Aires, tornou-se uma "fera da mídia". O homem que veste a batina branca se expõe, mas sua presença não revela todo o seu pensamento. E as questões que o aguardam são suficientemente complexas para não serem reduzidas à imagem que o novo papa possa projetar.

Uma igreja missionária

A missão está no centro da vida eclesial e hoje é a palavra de ordem do trabalho pastoral em todos os continentes. Essência da Igreja, vivida o mais próximo possível da vida nas paróquias e nos movimentos, ela se impõe ainda mais num mundo secularizado, fragmentado e pluralista. Depois de uma segunda metade do século XX mais marcada pelo retraimento, desde João Paulo II a Igreja assumiu um espírito mais missionário, particularmente por meio da proclamação explícita da fé. Essa é uma forma de acompanhar os fiéis e, também, de sair das igrejas para encontrar as pessoas e fazer com que a mensagem cristã seja ouvida. A Jornada Mundial da Juventude (JMJ) é um dos exemplos mais bem-sucedidos de projetos missionários. Trata-se de uma missão que combina o compromisso social com os mais pobres e a pregação do Evangelho.

CAPÍTULO 10

A missão, tal como o papa poderá assumi-la, adapta-se hoje ao mundo contemporâneo e, em especial, aos meios de comunicação. As redes sociais permitem acesso direto a numerosas fontes e recursos — testemunhos, orações, ensinamentos — que ultrapassam as fronteiras tradicionais. "A Igreja existe para evangelizar", dizia Paulo VI. Se há, de fato, uma maior diversidade de intervenientes e testemunhas — e não apenas padres e religiosos —, também existe a possibilidade de uma audiência amplificada para o papa, que pelos meios de comunicação se dirige ao mundo. Esse é mais um desafio para o novo pontífice, que deverá ser "missionário e profético", como bem expressaram os cardeais nas congregações.

Continuando a luta contra o crime de pedofilia

A luta contra os abusos sexuais cometidos na Igreja é, e continuará a ser por muito tempo, uma das prioridades mais difíceis de serem assumidas pelo novo papa. Esse escândalo, que afetou praticamente todas as Igrejas do mundo — da Irlanda ao Chile, passando pelos Estados Unidos e pela Alemanha —, é em parte a causa da renúncia de Bento XVI. Embora o Papa Francisco tenha, desde o início de seu pontificado, tomado medidas para combater a pedofilia, ele só foi compreendendo a dimensão do problema ao longo dos anos. Prova disso é, por exemplo, o pouco interesse que demonstrou em relação ao relatório da Comissão Independente sobre os Abusos Sexuais na Igreja, conhecida como Comissão Sauvé, realizado na França em 2021 a pedido da Conferência dos Bispos da França.

De forma resumida, o compromisso de Francisco passou pela criação de estruturas com missão específica de combate aos abusos sexuais e, por outro lado, pela promulgação de textos legislativos que organizam a detecção, a repressão e a prevenção, de modo especial com o *motu proprio Vos estis lux mundi* (2019), que obriga todas as jurisdições eclesiásticas a manter sistemas de denúncia acessíveis ao público e obriga todo clérigo a relatar abusos ou o acobertamento de abusos. Pela primeira vez, os próprios bispos podem ser sancionados por terem encoberto crimes. Em 2014, Francisco instituiu uma comissão pontifícia para a proteção dos menores, confiada ao cardeal americano Sean O'Malley.

Em 2018, Francisco teve dificuldade em denunciar o bispo chileno Juan Barros, que acobertou abusos, mas depois reconheceu ter "cometido graves erros na avaliação e percepção da situação".

Ao longo da maioria de suas viagens, o Papa Francisco fez questão de encontrar-se com vítimas violentadas por membros do clero. Em 2019, após a inédita cúpula no Vaticano que reuniu os presidentes das conferências episcopais do mundo inteiro, Francisco promulgou o *Vos estis lux mundi*.

Em 2019, sob condições estritas, o segredo pontifício foi suspenso no que diz respeito aos abusos, permitindo a transmissão de documentos em casos de agressão sexual aos tribunais civis. Se os culpados por abusos sexuais são processados, aqueles que os acobertaram — especialmente os bispos — também são responsabilizados e podem ser condenados pela justiça vaticana.

Segundo observadores e vítimas, a luta contra os abusos sexuais no Vaticano ainda é marcada por uma evolução lenta. De uma cultura do segredo, a Igreja Católica passou ao reconhecimento público do escândalo e à implementação de mecanismos de prevenção e sanção. No entanto, há disparidades no nível de comprometimento entre os países, e a batalha cultural para erradicar todo tipo de encobrimento e restabelecer plenamente a confiança ainda está em curso, para fazer da Igreja, nas palavras do próprio Papa Francisco, "uma casa segura".

Essa será, sem dúvida, uma das prioridades do novo papa. O Papa Francisco certamente realizou parte desse trabalho, mas ainda há muito a ser feito.

Uma Igreja sinodal

Ao convocar um "sínodo sobre a sinodalidade", o Papa Francisco queria questionar o próprio modelo de governança da Igreja — apesar da expressão ser pouco usual para a maioria dos fiéis —, o que se fez num sínodo encerrado em 26 de outubro de 2024. Após três anos de consultas e encontros, o objetivo era desenvolver uma cultura de diálogo na Igreja, mas também dar mais espaço aos leigos, às mulheres e às conferências episcopais.

Nesse espírito, Francisco não quis assumir pessoalmente as conclusões do sínodo em uma exortação apostólica, como é de costume, optando por referir diretamente ao texto tal como foi estabelecido ao final dos encontros: "O documento já contém indicações muito concretas que podem servir de guia para a missão das Igrejas nos diferentes continentes e em contextos diversos; por isso, coloco-o imediatamente à disposição de todos", declarou Francisco.

Isso mostra o quanto esse documento — *Por uma Igreja sinodal: comunhão, participação, missão* —, que defende uma Igreja mais participativa, pode ser considerado pelo novo papa um roteiro... ou não.

O lugar das mulheres

Durante o sínodo, o papel das mulheres na Igreja foi frequentemente abordado nas discussões, constituindo uma questão delicada que fará parte dos assuntos a serem conduzidos pelo novo papa, com uma margem de manobra bastante estreita: está fora de questão — mesmo para o papa argentino reformista — ordenar mulheres. E, no entanto, destaca ainda o documento final do sínodo,

> Damos testemunho do Evangelho quando procuramos viver relações que respeitam a igual dignidade e a reciprocidade entre homens e mulheres. As expressões recorrentes de dor e sofrimento por

parte das mulheres de todas as regiões e continentes, tanto leigas como consagradas, durante o processo sinodal, revelam como muitas vezes não conseguimos fazê-lo (§ 52).

Também aí certos avanços foram percebidos pelos olhos dos reformistas, mas considerados ainda insuficientes. Caberá ao novo papa decidir sobre a questão do diaconato feminino. Enquanto isso, Francisco nomeou mulheres para cargos que antes lhes eram inacessíveis. Uma francesa, a irmã Nathalie Becquart, foi a primeira mulher a poder votar no primeiro sínodo sobre a sinodalidade, em 2021.

Em 6 de janeiro de 2025, foi a vez da irmã Simona Brambilla ser nomeada prefeita do dicastério — o equivalente a um ministério — para os institutos de vida consagrada. Foi a primeira vez na história que uma mulher assumiu uma função desse nível na Cúria Romana.

A nova constituição apostólica *Praedicate Evangelium*, promulgada em 19 de março de 2022, define a nova organização da Cúria e abre, entre outras coisas, a possibilidade de que "todo fiel", homem ou mulher, possa ser nomeado chefe de um organismo da Cúria. Pouco a pouco, as mulheres começam a ocupar espaço no Vaticano: caberá ao novo papa confirmar essa evolução esperada pelos fiéis.

Padres ainda celibatários

O celibato dos padres e a ordenação de homens casados serão, mais cedo ou mais tarde, temas abordados ao longo do novo pontificado. Na verdade, trata-se de duas questões em uma: o celibato dos padres parece estabelecido, e o papa deverá confirmar essa disciplina. "À imagem de Cristo, que permaneceu celibatário para fazer aliança com todos os homens, o padre renuncia a amar uma pessoa em particular para ser sinal do amor de Deus por todos os homens", explica a página da Igreja na França.

Bem diferente é a questão da ordenação de homens casados — uma hipótese levantada por ocasião do Sínodo sobre a Amazônia, como forma de suprir a escassez de sacerdotes na região. Embora o Papa Francisco tenha dito que não se opunha à ideia, acabou recusando a implementação da ordenação sacerdotal dos *viri probati*, homens maduros e engajados na Igreja.

É bastante provável que, em um primeiro momento, o novo papa não se arrisque a abrir discussões sobre esses temas sensíveis, que continuam a gerar muitos debates.

O lugar dos tradicionalistas

O sucessor de Pedro certamente terá de retomar outro capítulo delicado que marcou o pontificado anterior — e, muito provavelmente, os debates do conclave: a questão do espaço concedido aos fiéis chamados tradicionalistas. De fato, após certas aberturas, o Papa Francisco endureceu as condições para a celebração segundo o rito pré-conciliar. Enquanto João Paulo II chegou a sugerir aos bispos que concedessem de forma "ampla e generosa" a prática do rito tridentino, e enquanto Bento XVI deu aos padres a liberdade de decisão, Francisco restringiu essas condições e retirou a autoridade dos párocos, transferindo a decisão aos bispos diocesanos.

Além disso, no *motu proprio Traditionis custodes*, publicado em julho de 2021, ele proibiu o uso das igrejas paroquiais para a celebração da forma extraordinária do rito e determinou que as leituras fossem feitas em língua vernácula, e não mais em latim. Essa severidade foi mal compreendida por católicos conservadores, sobretudo porque, na maioria das dioceses — ao menos na França —, um certo equilíbrio já havia sido encontrado.

"Não se trata de reacender disputas litúrgicas, mas de assegurar o bem dos fiéis que estão apegados à forma antiga. O bispo deve tomar providências para que eles possam participar dessas liturgias sem receio de serem excluídos da vida e da fé da Igreja", comentou dom Michel Aupetit, então arcebispo de Paris.

Se o objetivo era a unidade da Igreja por meio das condições rigorosas impostas aos fiéis tradicionalistas, o novo papa poderá buscar o apaziguamento nessa questão recorrente — e, por que não?, tentar retomar o diálogo com o movimento integrista, que hoje se encontra em ruptura.

A reforma da Cúria

Resta mencionar a reforma da Cúria, uma das prioridades que levaram à eleição do Papa Francisco em 2013. Foram necessários nove anos para que se chegasse ao documento de 54 páginas, tornado público em 19 de março de 2022, na festa de São José. Intitulado *Praedicate Evangelium*, o texto substitui a constituição *Pastor bonus*, publicada por João Paulo II em 1988.

A reforma não é apenas uma reorganização da administração vaticana, mas uma conversão do governo central da Igreja a serviço da missão. Prova disso é que, por ordem de precedência, o dicastério para a Evangelização passou à frente do dicastério para a Doutrina da Fé, que ocupava o primeiro lugar havia quinhentos anos. A proclamação do Evangelho precede, assim, a disciplina ou a doutrina.

O que norteia a reforma é uma inversão nas relações: o texto faz a Cúria passar de uma lógica de poder para uma lógica de serviço, atenta às realidades vividas pelas Igrejas locais. O documento lembra, antes de tudo, que a Cúria é um órgão a serviço do anúncio do Evangelho, e não uma administração burocrática. Isso se reflete no reagrupamento e redefinição dos dicastérios.

Enfatizando o papel da Cúria "a serviço das Igrejas particulares (nacionais)", espera-se que as conferências episcopais regionais tenham mais autonomia. Também a organização interna da Cúria foi modificada. Agora, é possível que leigos, homens ou mulheres, dirijam dicastérios. Essa é uma das medidas que expressam a vontade de superar o clericalismo e de reconhecer o papel dos batizados no governo da Igreja.

Ao definir essa nova organização, Francisco mais uma vez criticou os membros da Cúria, denunciando o carreirismo. De fato, com o tempo, a administração havia sido alvo de críticas por sua burocracia, por seu clericalismo, pelas rivalidades internas e pela falta de transparência. Alguns chegaram a assinalar que, ao elaborar essa nova estrutura, o papa agia com autoridade justamente enquanto insistia na sinodalidade e no diálogo...

Repreendidos por Francisco, os membros da Cúria precisarão agora ser tranquilizados e encorajados pelo novo papa.

Uma gestão (mais) transparente

Deve-se creditar ao Papa Francisco, ainda, a reforma da Cúria e o saneamento das finanças do Vaticano. Ele havia sido eleito em 2013, entre outras razões, para colocar um pouco de ordem na economia do menor país do mundo. Embora tenha tomado diversas decisões e promovido ajustes, é preciso reconhecer que o trabalho ainda não está concluído.

Já em 2014, combatendo a corrupção, Francisco criou uma Secretaria para a Economia, confiada ao cardeal australiano George Pell, que deveria centralizar os assuntos econômicos, "tendo autoridade sobre todas as atividades econômicas e administrativas dentro da Santa Sé e do Estado da Cidade do Vaticano", conforme especificava o decreto papal. Mas a prioridade era limpar uma bolha financeira opaca, favorável à lavagem de dinheiro e à evasão fiscal.

Em 2015, o sigilo bancário foi suspenso, e cerca de cinco mil contas suspeitas foram encerradas no Instituto para as Obras de Religião (IOR), o banco do Vaticano. Apesar dos avanços na regularização das contas, a Santa Sé foi abalada pelo escândalo da compra de um imóvel em Londres por um valor exorbitante, que mais tarde foi revendido com prejuízo e polêmicas. Essa operação temerária e fraudulenta levou à condenação do cardeal Becciu a cinco anos e meio de prisão pela justiça vaticana, por fraude e desvio de fundos.

Embora o pontificado de Francisco tenha conseguido impor mais transparência às finanças vaticanas, ainda é preciso encontrar recursos para cobrir as enormes despesas do pequeno Estado. A título de exemplo, caberá ao novo papa preocupar-se com o financiamento do sistema de aposentadoria dos funcionários do Vaticano...

E ele não será pego de surpresa com esse desafio. Em setembro de 2024, Francisco enviava uma carta aos cardeais:

> Os recursos econômicos a serviço da missão são limitados e devem ser geridos com rigor e seriedade, de modo a não desperdiçar os esforços de quem contribuiu para o patrimônio da Santa Sé. [...] Devemos estar conscientes de que hoje nos encontramos perante decisões estratégicas a tomar

com grande responsabilidade, pois somos chamados a garantir o futuro da Missão.

O novo líder da Igreja sabe o que o espera.

Acolhida de casais do mesmo sexo

Para além dos conflitos litúrgicos ou sociais, o reconhecimento dos casais homossexuais opõe o Ocidente à África, os progressistas aos conservadores, os pastores aos teólogos.

Oficialmente, a Igreja Católica distingue a inclinação homossexual (o fato de sentir atração por alguém do mesmo sexo) dos atos homossexuais (as relações sexuais entre pessoas do mesmo sexo), sendo estes últimos qualificados como "atos intrinsecamente desordenados" pelo Catecismo da Igreja Católica publicado em 1992. Em resumo, a Igreja condena os atos homossexuais, mas não condena as pessoas, que convida a viver na castidade.

"Se uma pessoa é gay, busca o Senhor e tem boa vontade, quem sou eu para julgar?", declarou o Papa Francisco em julho de 2013, no voo de retorno da JMJ no Rio. Essa frase, que se tornou emblemática, marcou uma virada. Desde sua eleição em 2013, o Papa Francisco adotou essa abordagem mais pastoral, sem alterar a doutrina. O que muda é o tom, a atitude, a prioridade dada ao acolhimento em vez do julgamento. Na exortação apostólica *Amoris laetitia* (2016), o papa escreve: "Cada pessoa, independentemente da própria orientação sexual, deve ser respeitada na sua dignidade e acolhida com respeito." Em diversas ocasiões ele repetiu que ninguém deve ser rejeitado ou excluído da comunidade cristã devido à sua orientação sexual. E fez um apelo aos Estados que ainda mantêm leis repressivas, em que a homossexualidade continua criminalizada.

Se o acolhimento das pessoas homossexuais pode ainda ser aceito pela maioria dos fiéis, a rejeição foi clara, por parte até de bispos e cardeais, em relação ao reconhecimento das uniões entre pessoas do mesmo sexo. Em um documentário exibido em 2020, o papa afirmou: "As pessoas homossexuais têm o direito de estar em família. O que é preciso é uma lei de união civil." Trata-se de uma posição de abertura que deve ser compreendida com precisão: Francisco distingue claramente essa união do sacramento do matrimônio, reservado à união entre um homem e uma mulher, mas abre caminho a um reconhecimento social e jurídico dos casais homossexuais.

Em dezembro de 2023, o Vaticano foi além e publicou uma declaração do dicastério para a Doutrina da Fé, intitulada *Fiducia supplicans*, aprovada pelo Papa Francisco, que autoriza os padres a abençoarem casais em situação chamada "irregular", inclusive os homossexuais, desde que isso não seja confundido com uma bênção nupcial. Embora o texto especifique que não se trata de um rito litúrgico nem de uma aprovação moral, mas de um gesto pastoral, ele provocou reações muito fortes de rejeição em parte da Igreja, particularmente na África e na Europa Oriental.

CAPÍTULO 10

O cardeal Fridolin Ambongo Besungu, arcebispo de Kinshasa e presidente do Simpósio das Conferências Episcopais da África e Madagascar, chegou a redigir uma carta para que as Igrejas africanas expressassem seu repúdio à bênção de casais homossexuais.

Como essa questão foi decidida durante o conclave? Terá sido, como se supõe, um tema de discórdia e desacordo, a ponto de influenciar os votos? Trata-se, certamente, de uma das questões mais divisivas entre as Igrejas jovens e o velho continente. Será preciso paciência por parte do novo papa para avançar e encontrar um caminho capaz de apaziguar esse campo extremamente sensível.

Lidar com questões éticas

Diante das evoluções sociais e científicas, as questões morais se multiplicam e podem ser fonte de consenso (como nos casos do aborto ou da eutanásia), mas também de discórdias (como na procriação medicamente assistida ou no casamento homossexual). As grandes questões éticas contemporâneas — em torno da vida, da sexualidade, da família ou das tecnologias — abalam os referenciais morais tradicionais. São temas que costumam levar a Igreja a se pronunciar publicamente, o que nem sempre é bem acolhido pela sociedade.

É verdade que, fiel à doutrina, o Papa Francisco usou, por vezes, expressões duras: "Os médicos que praticam o aborto são, permitam-me a expressão, assassinos de aluguel",

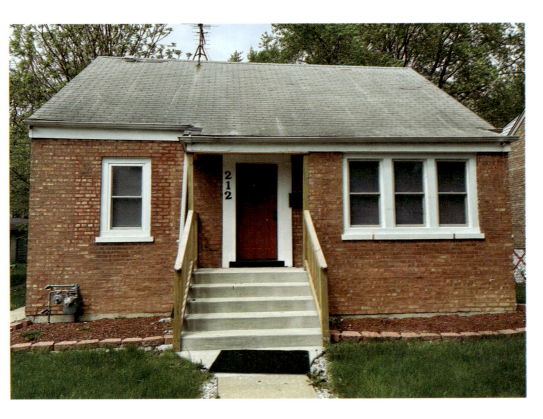

Casa em que morou Robert Prevost na infância.
Localiza-se em Dolton, Illinois (EUA).

Nesta página: O cardeal Robert Prevost no conclave que o elegeria.

Na página ao lado: Igreja em que Robert Prevost passou seu noviciado como agostiniano, em St. Louis.

Catedral de Santa Maria, na diocese de Chiclayo, Peru, de onde o atual papa foi bispo.

Cardeal Robert Prevost com Francisco, seu antecessor na Sé de Pedro.

Quando da internação de Papa Francisco, o futuro Leão XIV foi um dos cardeais a conduzir a récita do terço pela saúde do pontífice argentino.

O conclave.

Fumaça branca anunciando que um novo papa foi eleito.

Bênção *Urbi et Orbi* de Leão XIV.

Primeira aparição pública de Leão XIV após sua eleição, ainda na sacada da Basílica de São Pedro.

A emoção da diocese de Chiclayo após a eleição de seu antigo bispo.

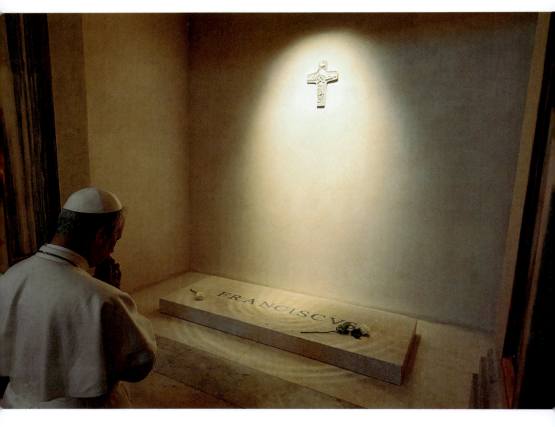
Leão XIV reza no túmulo do Papa Francisco.

Leão XIV com J.D. Vance, vice-presidente dos Estados Unidos, e com Zelensky, presidente da Ucrânia. A diplomacia é um dos pontos de atenção da Santa Sé.

Nesta página: O diálogo com os ortodoxos e com as religiões não cristãs estão entre os desafios do novo pontífice.

Na página ao lado: Em uma de suas primeiras audiências após a eleição.

O brasão do Santo Padre e sua assinatura oficial.

declarou durante sua viagem à Bélgica, em setembro de 2024, ainda que tenha adotado, em geral, uma abordagem mais pastoral, misericordiosa e humana. Quanto ao fim da vida, ele se opôs firmemente à eutanásia, que qualifica como "um ato de morte, e não de cuidado", ao mesmo tempo que insistiu na importância dos cuidados paliativos.

Do início ao fim da existência, os temas éticos são numerosos, o que torna complexa a abordagem dessas questões. Aborto e eutanásia são dois eixos aos quais se somam diversas questões em aberto: pesquisa com embriões, procriação medicamente assistida, manipulação genética, acolhimento das pessoas LGBTQIA+, transumanismo...

O Papa Francisco não alterou a doutrina, mas certamente mudou o tom e o método, recusando condenações rígidas e priorizando o acompanhamento e o discernimento. Como bom jesuíta, também insistia na consciência pessoal como espaço do discernimento moral iluminado pelo Evangelho.

Ainda assim, uma palavra de autoridade é o que os fiéis esperam diante desses dilemas de consciência — com o risco, para a Igreja, de parecer rígida e desconectada da sociedade contemporânea. A comunicação será, nesse campo, um grande desafio para o novo pontífice.

Encarnar a unidade

"Que todos sejam um", lê-se no Evangelho (Jo 17, 21). Esse é o último dos desafios que recaem sobre o papa — e não

CAPÍTULO 10

dos menores. Garantidor da unidade, o papa tem muito a fazer após este conclave, marcado por oposições discretas, mas profundas. A unidade está hoje duramente posta à prova por tensões doutrinais, culturais, litúrgicas e geográficas.

A Igreja Católica reúne atualmente mais de 1,4 bilhão de fiéis distribuídos por todos os continentes. Se essa universalidade é uma riqueza, também traz consigo uma diversidade de sensibilidades. Muitas das questões já foram abordadas nestas páginas. Na Europa, os debates giram em torno da moral sexual, do papel das mulheres, do clericalismo e da perda da fé. Na África e na Ásia, a fé é viva e missionária, mas conservadora nas questões sociais e morais. Na América Latina, as tensões políticas e sociais alimentam Igrejas engajadas e críticas.

São muitas visões divergentes a respeito do que a Igreja deve ser. Os cardeais e bispos, no campo pastoral, tendem a relativizar, mas existem diferenças reais entre os "progressistas" e os "conservadores". Alguns são favoráveis a uma Igreja mais aberta, sinodal, inclusiva, que acompanhe em vez de condenar. Outros defendem a tradição litúrgica, doutrinal e moral, sendo frequentemente críticos das transformações contemporâneas.

Embora essa dicotomia sempre tenha existido em maior ou menor grau, as tensões se acentuaram sob o pontificado de Francisco. Os cardeais africanos defendem uma moral mais rigorosa, enquanto a Igreja da Alemanha, após seu sínodo, propôs uma governança partilhada com os leigos — uma ambição reformista que foi vetada pelo Vaticano.

Como mencionado anteriormente, o debate em torno da missa tridentina e os avanços do sínodo sobre a sinodalidade em favor dos leigos geram tensões aparentemente irreconciliáveis — a tal ponto que o novo papa terá, antes de tudo, o desafio de evitar rupturas antes mesmo de poder sonhar com a unidade.

É verdade — e já era uma forte intuição do pontificado anterior — que unidade não significa uniformidade. A Igreja Católica, em sua diversidade, pode continuar unida em torno de uma fé comum. Mais do que nunca, o papa, eleito pelos cardeais em sua diversidade, encarna essa unidade da Igreja.

Capítulo 11

Seis desafios em escala mundial

Chefe da Igreja universal, o papa não deve se dirigir apenas aos fiéis católicos. Sua missão o leva a estar entre os maiores deste mundo, mas também entre os mais distantes. Esses grandes temas de alcance internacional, essas questões de diálogo com outras religiões e culturas, se expressam em parte por meio das viagens, mas também pelas inúmeras audiências com líderes religiosos e políticos que visitam o Vaticano. São temas tão sensíveis quanto as questões internas, e que exigem firmeza e diplomacia.

A acolhida dos migrantes

O engajamento do Papa Francisco em favor dos migrantes é um dos aspectos mais constantes e proféticos de seu pontificado. Desde 2013, o papa fez da defesa dos migrantes, refugiados e pessoas deslocadas uma prioridade de sua ação pastoral e diplomática. Filho de migrantes italianos instalados na Argentina, Jorge Mario Bergoglio carrega em si essa

CAPÍTULO 11

atenção à questão dos deslocamentos forçados, que considera não apenas um desafio humanitário, mas também espiritual e moral.

Foi apenas alguns meses após sua eleição, em julho de 2013, que o papa fez sua primeira viagem fora de Roma: à ilha de Lampedusa, na Sicília. Era um local simbólico: uma das principais portas de entrada na Europa para milhares de migrantes que atravessam o Mediterrâneo, muitas vezes arriscando a própria vida. Francisco denunciou ali a "globalização da indiferença" e convidou o mundo a "chorar" por aqueles que morrem no mar em meio à indiferença geral.

Essa visita traçou uma direção clara. Em diversas ocasiões, Francisco lembrou que "cada migrante tem um rosto, uma história, um nome". Ele exortava os católicos a acolher, proteger, promover e integrar os migrantes. Insistia em que a hospitalidade ao estrangeiro é uma exigência cristã fundamental, enraizada no Evangelho. Em sua encíclica *Fratelli tutti* (2020), dedicou vários capítulos aos migrantes, sublinhando a importância de uma solidariedade universal e conclamando à superação da lógica dos nacionalismos.

Além de Lampedusa, Francisco realizou diversas visitas emblemáticas a migrantes, de modo especial à ilha grega de Lesbos, em 2016, de onde voltou simbolicamente a Roma com três famílias muçulmanas de migrantes.

Qual será a posição do novo papa, justamente num momento em que Francisco enfrentava frequentemente críticas, até mesmo dentro do mundo católico? Alguns fiéis, especialmente na Europa e nos Estados Unidos, acusavam o finado pontífice de ingenuidade. "Os migrantes não são um perigo, são um desafio", afirmava ele. Para Francisco, a questão migratória não era apenas humanitária: ela tocava o coração da mensagem cristã sobre a dignidade da pessoa humana. Em seus discursos, ele associava migração, pobreza, ecologia e desigualdades globais, e lembrava que as causas das migrações — conflitos, crises climáticas, injustiças econômicas — devem ser combatidas em seu cerne.

O desafio climático

Outra urgência apresentada ao mundo pelo Papa Francisco foi o desafio climático. Desde sua eleição, em 2013, o papa fez da proteção da Criação e da atenção à crise ecológica um dos grandes eixos de seu pontificado. Para ele, ecologia, justiça social e fé cristã estão intimamente ligadas: cuidar do planeta é cuidar dos mais pobres e honrar a Deus. A grande originalidade do compromisso ecológico de Francisco está em ter articulado a ecologia a uma visão global do ser humano e da sociedade. O que ele chama de "ecologia integral" diz respeito não apenas ao meio ambiente natural, mas também às questões econômicas, sociais, culturais e espirituais. A destruição da natureza anda de mãos dadas com a opressão dos mais vulneráveis: "Tudo está interligado", afirmou ele.

O ato inaugural desse compromisso foi a publicação, em maio de 2015, da encíclica *Laudato si'*. Esse texto vigoroso

CAPÍTULO 11

toma seu título do *Cântico das Criaturas* de São Francisco de Assis. Jamais um papa havia consagrado uma encíclica inteira à questão ecológica. Sua palavra fez-se ouvir no debate internacional por sua força e comprometimento. Na *Laudato si'*, Francisco denunciou o "saque irresponsável" da Terra, causado por um modelo econômico baseado no consumo ilimitado e no lucro imediato. Criticou o "paradigma tecnocrático", que isola a tecnologia da preocupação ética, e convidou a uma mudança radical de estilo de vida, a uma conversão ecológica pessoal e coletiva.

Dirigindo-se aos fiéis e "a todas as pessoas de boa vontade", o papa ecologista convida cada um a "ouvir tanto o clamor da Terra quanto o clamor dos pobres", insistindo no fato de que são os mais pobres os que sofrem mais diretamente as consequências das mudanças climáticas e da degradação ambiental.

Se já havia urgência em enfrentar o desafio ecológico, Francisco também tinha consciência de que a crise climática ultrapassa o tempo de um pontificado — o que envolve diretamente seu sucessor em uma área que incomoda as forças econômicas internacionais. Ele chegou a advertir contra a "cultura do descarte", que trata tanto os recursos naturais quanto as pessoas como objetos descartáveis. Embora não tenha comparecido pessoalmente, o papa apoiou os Acordos de Paris sobre o clima, assinados em dezembro de 2015, fazendo dessa questão ambiental um espaço de diálogo da Igreja com o mundo.

O Sínodo sobre a Amazônia, realizado em outubro de 2019, fez parte dessa mobilização pela ecologia, estabelecendo a ligação entre desmatamento, violações dos direitos dos povos indígenas e a crise climática global. Na exortação apostólica *Querida Amazônia*, ele expressou seu sonho de uma Amazônia que defenda a vida, proteja suas riquezas naturais, respeite as culturas indígenas e se desenvolva de forma sustentável.

Em outubro de 2023, a encíclica *Laudate Deum* atualizou a *Laudato si'* diante do agravamento da crise climática. Francisco expressou ali sua crescente preocupação com a inação internacional e o atraso no refreamento do aquecimento global. Ele reafirmava a necessidade de uma "conversão ecológica urgente" e destacava que a ecologia não pode ser dissociada da justiça social. Para ele, proteger o meio ambiente não é uma opção secundária para os cristãos, mas um aspecto fundamental da fé no Deus criador. E a luta pela preservação do ambiente passa também por uma transformação interior, promovendo uma "sobriedade feliz". Cada pequeno gesto, cada escolha cotidiana conta.

Enquanto "a casa comum arde", a questão ambiental parece ser uma oportunidade de diálogo com outras tradições religiosas e espirituais, já que a preservação da Terra se impõe como um desafio comum a todas as crenças. Todavia, o engajamento ecológico do papa também suscitou críticas. Alguns o acusavam de se intrometer em debates políticos, econômicos ou científicos. Outros consideravam que a Igreja deveria se concentrar exclusivamente na fé e na moral. Para Francisco, a ecologia não é um tema político, entre outros: ela toca o coração mesmo da missão cristã, que é proteger a vida em todas as suas formas. Eis uma urgência diante com a qual seu sucessor não tardará a se ver confrontado.

Uma diplomacia com tração

Embora a ecologia alimentasse as relações diplomáticas do Papa Francisco, ela não foi o único campo de intervenção do Vaticano e do papa argentino, que não cessou de se erguer contra as guerras e conflitos que ensanguentam o mundo. Também nesse ponto, o novo papa não terá falta de temas com que se preocupar, já que o Vaticano goza de tradição como mediador internacional. O pequeno Estado conta, de fato, com uma rede diplomática extensa. Com as nunciaturas presentes ao redor do mundo, mais de 180 Estados mantêm relações oficiais com a Santa Sé, que se compromete a defender a dignidade humana, proteger a paz e promover o diálogo inter-religioso.

Sob Francisco, essa diplomacia foi muito ativa, com ênfase no contato direto com os povos e dirigentes, mesmo em contextos tensos. Podemos creditar a essa diplomacia, por exemplo, a reaproximação entre Cuba e os Estados Unidos em 2014, ou ainda a assinatura do acordo entre o governo colombiano e as FARC, em 2016. Diante dos conflitos na Ucrânia, na Síria, na África e em outros lugares, Francisco também multiplicou os apelos pela paz, condenando sem ambiguidade as guerras e o comércio de armas. O novo papa certamente se sentirá muito mobilizado pela situação da Ucrânia, após a invasão russa, em 2022. Mesmo condenando o conflito, Francisco fez questão de manter o contato com Moscou.

Seria necessário dar a volta no planeta para medir a atividade diplomática do Vaticano. Podemos apenas mencionar alguns temas significativos, como o acordo histórico assinado com a China em 2018, a respeito da nomeação dos bispos católicos, o qual visava superar a divisão entre a Igreja clandestina e a Igreja oficial. Trata-se de um tema extremamente sensível e que não gerou consenso.

O Oriente Médio, em conflito há anos, também foi um campo diplomático prioritário para a Santa Sé, e sua atualidade permanece. Francisco multiplicou os apelos pela paz na Terra Santa e na região. Em 2021, chegou a visitar Mossul durante uma viagem histórica ao Iraque, comprometendo-se com os cristãos perseguidos e fazendo um apelo à convivência entre religiões.

Dirigindo-se aos delegados de todos os países durante dois discursos na ONU, o papa destacou a urgência de unir forças diante dos desafios globais: pandemia, pobreza, crise climática, guerras. O chefe da Igreja defendia uma governança mundial ética, a serviço do bem comum.

Enfim, o peso internacional do Vaticano não está em discussão, quando nada menos que 130 delegações e cerca de cinquenta chefes de Estado vieram a Roma para os funerais do Papa Francisco, em 26 de abril de 2025. E muitas são as personalidades internacionais que participaram das primeiras celebrações do novo pontífice, e que, em breve, voltarão a encontrá-lo.

Prosseguir o diálogo com o islamismo

Desde a eleição de Francisco, em 2013, o diálogo entre a Igreja Católica e o islamismo recebeu um novo impulso, justamente quando as religiões instrumentalizadas encontravam-se no centro de conflitos e violências em muitos países. Apóstolo da fraternidade humana, ele não se contentou apenas com palavras, marcando os espíritos com gestos concretos — provas dos "laços de estima e amizade" que quis tecer ao longo de seu pontificado.

É especialmente histórica a reunião de 2016 com o grande imã de Al-Azhar, Ahmed al-Tayeb, considerada um momento-chave do diálogo. Esse encontro no Vaticano marcou a retomada oficial da interlocução com a universidade sunita de Al-Azhar, importante centro do islamismo moderado, após vários anos de ruptura. O encontro foi seguido por uma visita do papa ao Egito em 2017, ocasião em que pronunciou um discurso muito comentado sobre a necessidade de rejeitar toda a forma de violência religiosa e de promover a educação para a tolerância.

Por fim, a assinatura, em 4 de fevereiro de 2019, em Abu Dhabi, da *Declaração sobre a fraternidade humana* com o grande imã de Al-Azhar, a qual convoca à paz entre as nações e à coexistência entre as religiões, rejeitando todas as justificativas religiosas para a violência. "A fé leva o fiel a ver no outro um irmão a ser apoiado e amado", insiste o documento, que deu origem ao Dia Internacional da Fraternidade Humana, celebrado anualmente em 4 de fevereiro sob a égide das Nações Unidas.

Em 2021, o papa foi ao Iraque — uma viagem histórica a um país devastado — e teve uma importante reunião com o aiatolá Ali al-Sistani, grande figura do islamismo xiita. O encontro marcou um avanço significativo no diálogo com essa vertente do islamismo.

Sem dúvida, o novo papa deverá aprofundar o caminho de fraternidade iniciado por Francisco, a fim de que o diálogo islâmico-cristão não seja apenas fruto de um papa argentino profético, mas um diálogo concreto e duradouro, apesar das violências às vezes alimentadas por reflexos comunitaristas. Não há dúvida de que as congregações gerais permitiram abordar essa questão.

Judaísmo e antissemitismo

As relações entre a Igreja Católica e o judaísmo passaram por uma transformação histórica no século XX, especialmente a partir do Concílio Vaticano II (1962-1965). Esse processo de aproximação, baseado no reconhecimento do vínculo espiritual entre judeus e cristãos — sobretudo por meio da declaração conciliar *Nostra aetate*, em 1965 —, foi prosseguido e aprofundado pelos papas até Francisco, que deu um rosto particularmente fraterno a essa relação.

CAPÍTULO 11

João Paulo II foi o primeiro papa a visitar uma sinagoga — em Roma, no ano de 1986. Reconhecia os judeus como sendo, para os católicos, "nossos irmãos mais velhos na fé". O papa polonês também foi ao Muro das Lamentações no ano 2000, onde depositou um bilhete pedindo perdão pelas faltas cometidas pelos cristãos contra os judeus. Bento XVI deu continuidade a esse diálogo, embora tenha enfrentado tensões, particularmente em relação à oração pela conversão dos judeus.

O Papa Francisco fez do diálogo com o judaísmo um dos aspectos mais pessoais e constantes de seu ministério. Sua proximidade com a comunidade judaica remonta à sua vida na Argentina, onde, como arcebispo de Buenos Aires, estabelecera uma profunda amizade com o rabino Abraham Skorka, com quem coescreveu um livro e participou de conferências inter-religiosas. "Um cristão não pode ser antissemita. Nossas raízes são judaicas", declarou ele, por exemplo. Francisco visitou a sinagoga de Roma em janeiro de 2016, seguindo os passos de seus dois predecessores.

Também foi ao Muro das Lamentações em 2014, acompanhado do rabino Skorka e de um imã muçulmano, e visitou Auschwitz em 2016. Embora gestos fortes assim tenham selado a amizade judaico-cristã, o recrudescimento do antissemitismo e das políticas de extrema direita — particularmente na velha Europa — será, sem dúvida, uma das preocupações do novo papa.

A diversidade ortodoxa

O diálogo entre a Igreja Católica e as Igrejas Ortodoxas, separadas desde o Cisma de 1054, intensificou-se ao longo do século XX, em especial após o Concílio Vaticano II. Desde sua eleição em 2013, o Papa Francisco deu continuidade e aprofundou essa relação com um estilo pessoal com base na fraternidade, na simplicidade e no respeito mútuo. Apesar dos obstáculos doutrinários e geopolíticos, avanços importantes ocorreram nos últimos dez anos.

O Papa Francisco inscreveu seu pontificado na continuidade ecumênica, mas com uma ênfase mais pastoral e fraterna do que estritamente teológica. Ele estabeleceu fortes laços com vários patriarcas ortodoxos, em particular com o patriarca ecumênico de Constantinopla, Bartolomeu I, com Teófilo III de Jerusalém e com o patriarca Cirilo de Moscou.

Com Bartolomeu — "primeiro entre os iguais" no mundo ortodoxo —, os vínculos foram os mais frutíferos. Francisco o encontrou em diversas ocasiões, especialmente durante a peregrinação conjunta à Terra Santa em 2014, em Jerusalém, que marcou os cinquenta anos do encontro entre Paulo VI e Atenágoras, em 1964. Assim como Francisco, Bartolomeu está profundamente engajado na defesa da "casa comum" e na preservação do meio ambiente. Eles também compartilham o compromisso com o acolhimento aos migrantes: em 2016, juntos, em Lesbos, manifestaram sua preocupação com os refugiados do Mediterrâneo.

CAPÍTULO 11

Francisco foi o primeiro papa a se encontrar com um patriarca russo — no caso, Cirilo de Moscou. O encontro se deu em Cuba, em fevereiro de 2016. Sua declaração conjunta exortava à defesa da vida, da família, dos cristãos perseguidos, bem como à superação das tensões históricas. No entanto, a guerra na Ucrânia, os vínculos da Igreja russa com o poder político e as tensões no mundo ortodoxo entre Moscou e Constantinopla impediram avanços reais nos últimos tempos. Esse é, portanto, um terreno diplomático delicado que caberá ao novo papa enfrentar.

Capítulo 12

Leão XIV, o papa do apaziguamento

Leão XIV é certamente bergogliano. Logo em sua primeira aparição na sacada, fez menção à memória do papa argentino, assim como durante sua primeira missa com os cardeais reunidos. Seria precipitado julgar o que será seu pontificado à luz das primeiras horas, mas ele já começa a se destacar. O estilo não é o mesmo. Mas é como uma melodia suave que aos poucos preenche o ambiente. "É alguém que pensa antes de agir, que escuta antes de falar", confidencia um próximo. E percebe-se, nesse intelectual afável, um engajamento firme e, ao mesmo tempo, cheio de delicadeza, ainda que seja preciso enfrentar tempestades. Ele claramente não buscou o primeiro lugar, mas se mostra disponível — como havia dito a Francisco, quando este pensava em trazê-lo a Roma para chefiar o dicastério para os bispos. Sim, o encargo é sobre-humano, mas ele o assume sem parecer assustado. Bastante discreto, talvez um pouco tímido, esse religioso de Santo Agostinho sabe o que é o voto de obediência e aborda sua nova missão demonstrando total disponibilidade.

CAPÍTULO 12

Aos que se divertem julgando detalhes, será um papa que vai dar o que falar. Ele parece ser um homem bastante seguro de si e que não se preocupa com os olhares dos outros. Na noite de sua eleição, usava a mozeta vermelha, como Bento XVI e seus predecessores. Seguir o ritual é uma maneira de habitar o cargo. Ele ficou frente a frente com o povo de Roma já em sua primeira aparição, sem parecer preocupado em preencher aquele tempo abençoado com palavras vazias. Essa atitude tem algo de João Paulo I, o papa do sorriso, morto após 33 dias de pontificado. Mas pode-se ver nele também o "atleta de Deus", João Paulo II. Com os olhos marejados, parece surpreso com aquela multidão à sua frente, antes de se retirar sem pressa. Leão XIV dá a impressão de estar onde deve estar — e não em outra parte.

Essa é, sem dúvida, a primeira chave do pontificado: este papa mostra-se capaz de estar no coração da Igreja com toda a simplicidade. Sereno, sorridente, poliglota, vindo de uma família de origens culturais diversas, trata-se de um papa sensível à história milenar da Igreja, ao tesouro que ela é. Se a veste pode sugerir um perfil demasiadamente clerical, seu sorriso e o que os cardeais dizem dele mostram alguém fraterno. Hoje ele usa os grandes trajes litúrgicos, mas fora também capaz de chegar a vilarejos andinos a cavalo — como mostra uma foto que já circula nas redes sociais. Porque deseja pesar bem as palavras que dirigirá ao povo de Roma, ele se dá ao trabalho de escrever somente algumas linhas. Essa simplicidade de aparência conjuga-se a uma simplicidade de linguagem, sem pompas ou circunstâncias. O estilo de Leão XIV não será o mesmo de Francisco, cuja fala era contundente, por vezes desajeitada, até provocativa.

A simplicidade a serviço da paz. Não apenas da paz para as zonas de conflito que o papa argentino denunciava a todo momento — e que Leão XIV ainda não listou —, mas da paz no próprio coração da Igreja. E além: será ele o papa do apaziguamento, o que dificulta projeções sobre o que será seu pontificado? Será ele de direita ou de esquerda, reformista ou conservador? Se romper com os códigos, não será à maneira de seu predecessor, mas quem sabe em busca do diálogo necessário com todas as sensibilidades. É a esse preço que poderá zelar pela unidade — outro imperativo presente em sua agenda.

Para tanto, o Papa Leão se mostra pedagógico e retoma os fundamentos — neste caso, o Concílio Vaticano II, ao qual fez insistente referência durante seu encontro com os cardeais no sábado, 10 de maio, dois dias após sua eleição. De que forma — se é que vai — o novo papa irá revisitar cada pedra do edifício — seja a moral, a prática dos sacramentos, a organização paroquial, as vocações, o lugar dos leigos, o futuro do clero etc.? Os desafios são muitos, mas, aos 69 anos, o papa não parece apressado: ainda não apresentou um programa. Tem tempo para abordar as questões com a rigidez já demonstrada em outras ocasiões passadas.

Suas intervenções anteriores o mostram mais como um guardião da herança. Em 2012, durante o sínodo sobre a nova evangelização, usou palavras duras contra "os meios de co-

CAPÍTULO 12

municação que geram enorme simpatia por crenças e práticas contrárias ao Evangelho no público. Por exemplo, o aborto, o estilo de vida homossexual, a eutanásia". Da mesma forma, ao trabalhar com três mulheres no dicastério para os bispos, alinhou-se com Francisco e seus predecessores, rejeitando, porém, qualquer perspectiva de diaconato feminino, no que via uma possível inclinação ao clericalismo.

A abertura de Francisco às bênçãos para casais "irregulares" (do mesmo sexo), segundo o texto *Fiducia supplicans*, gerou forte comoção, até que foi proposto que o acesso fosse validado — ou não — de acordo com cada conferência episcopal, numa restrição apoiada pelo cardeal Prevost. Por fim, o cardeal esteve ao lado dos cardeais Parolin (secretário de Estado) e Fernández (prefeito do dicastério para a Doutrina da Fé) a fim de conter os impulsos reformistas da Igreja na Alemanha. O novo papa seria, portanto, mais conservador. Reverter algumas decisões pastorais do Papa Francisco poderia reacender tensões que ele parece querer, uma vez mais, apaziguar. E nisso, mais próximo de Bento XVI que de Francisco, será fiel à doutrina e favorável a uma trégua — sempre com esse espírito de apaziguamento. Canonista e prudente, não deverá surpreender em demasia, tendo já trabalho suficiente na suavização das divisões na Igreja.

Todavia, ele é também um pastor, um homem de escuta e de diálogo, que demonstra dedicação incondicional à sinodalidade bergogliana: "Ser uma Igreja sinodal que sabe ouvir a todos é o caminho não apenas para viver a fé pessoalmente, mas também para crescer numa verdadeira fraternidade cristã", declarou em 30 de setembro de 2023. Receber das mãos de Francisco seu barrete cardinalício poucos dias antes da abertura do sínodo sobre a sinodalidade não foi um gesto trivial. "A sinodalidade é o antídoto possível contra a polarização na Igreja", dizia aquele que constantemente busca promover o diálogo entre os diferentes setores do catolicismo. Leão XIV poderá muito em breve convocar um novo sínodo a fim de conservar esse espaço de fala tão necessário numa sociedade comunicativa e numa Igreja globalizada.

"Se falta a caridade, de que serve todo o resto?" Leão XIV não esquece o ensinamento de Agostinho de Hipona. De sua experiência junto aos mais pobres, e não apenas do Papa Francisco, será possível tirar lições para a Igreja. Ele fez referência explícita a Leão XIII, pioneiro da doutrina social católica. Os desafios do século XXI não estão distantes do frenesi da industrialização do século XIX: hoje é a revolução digital que impacta a vida cotidiana de bilhões de pessoas. Essa filiação faz pensar que Leão XIV se empenhará por mais justiça social e respeito à dignidade humana, sempre ameaçada. De que forma? A encíclica inaugural de seu pontificado poderá ser a atualização das intuições de seu predecessor.

Será que o novo papa estará tão mobilizado quanto Francisco esteve nas questões migratórias e na crise climática? Nenhuma palavra sobre a guerra entre Rússia e Ucrânia, nada sobre o conflito entre Israel e Palestina... Dizem que é sensível a esses temas, embora quase não existam registros

CAPÍTULO 12

de eventuais intervenções. Algumas postagens na rede social X revelam um pouco mais sobre sua posição em relação aos migrantes. Quando se manifesta, é com firmeza: "J.D. Vance está errado: Jesus não nos pede para hierarquizar nosso amor pelos outros", escreveu quando o vice-presidente norte-americano evocou "uma hierarquia do amor cristão baseada no país de origem". Um dia, certamente, os dois norte-americanos — Leão XIV e Donald Trump — terão de se confrontar, e sabe-se que uma parte não desprezível da Igreja norte-americana, embora não seja trumpista, é resolutamente conservadora. O missionário peruano terá de enfrentar oposições mais ou menos declaradas até mesmo em seu país de origem.

Eis que se perfila outra dimensão do pontificado. Trata-se de uma lição da vida religiosa: todo superior está rodeado de seu conselho. Embora assuma plenamente sua função, Leão XIV deverá implementar um trabalho em equipe, talvez à maneira do C9, o conselho de cardeais instituído por Francisco. Ao fim do conclave e das congregações gerais, Leão XIV certamente conhece melhor os cardeais com quem poderá formar sua equipe.

Nada o pressiona: Leão XIV toma o tempo necessário para refletir. Nos primeiros dias, o programa de suas viagens permanece incerto. Discrição, simplicidade, paz, apaziguamento: esses qualificativos anunciam um pontificado talvez menos espetacular, mas mais tranquilizador; menos surpreendente e mais sóbrio. É o que deixam entrever as qualidades e o caráter deste homem. Mas quem poderá realmente saber o que será esse pontificado sob o efeito da graça?

Primeiras palavras
"O caminho da Igreja"

Trechos do discurso ao colégio cardinalício no Vaticano, 10 de maio de 2025.

O papa, começando por São Pedro até chegar a mim, seu indigno Sucessor, é um humilde servo de Deus e dos irmãos, nada mais que isso. Demonstram-no bem os exemplos de tantos dos meus predecessores, o último dos quais o próprio Papa Francisco, com o seu estilo de total dedicação ao serviço e sobriedade essencial na vida, de abandono em Deus no tempo da missão e de serena confiança no momento da partida para a Casa do Pai. Acolhamos essa preciosa herança e retomemos o caminho, animados pela mesma esperança que vem da fé.

É o Ressuscitado, presente no meio de nós, que protege e guia a Igreja e que continua a reavivá-la na esperança, através do amor "derramado nos nossos corações pelo Espírito Santo que nos foi dado" (Rm 5, 5). Cabe a cada um de nós tornarmo-nos ouvintes dóceis da sua voz e ministros fiéis dos seus desígnios de salvação, recordando que Deus gosta de se comunicar, mais do que no estrondo do trovão e do terremoto, no "murmúrio de uma brisa suave" (1 Rs 19, 12) ou, como alguns traduzem, numa "leve voz de silêncio". Este é o encontro importante, a que não se pode faltar, e para o qual devemos educar e acompanhar todo o santo Povo de Deus que nos foi confiado.

Nos últimos dias, pudemos ver a beleza e sentir a força desta imensa comunidade, que com tanto carinho e devoção saudou e chorou o seu Pastor, acompanhando-o com a fé e a oração no momento do seu encontro definitivo com o Senhor. Vimos qual é a verdadeira grandeza da Igreja, que vive na variedade dos seus membros unidos à única Cabeça, que é Cristo, "Pastor e Guarda" (1 Pe 2, 25) das nossas almas. Ela é o seio onde também nós fomos gerados e, ao mesmo tempo, o rebanho (cf. Jo 21, 15-17), o campo (cf. Mc 4, 1-20) que nos foi dado para que o cuidemos e cultivemos, o alimentemos com os Sacramentos da salvação e o fecundemos com a semente da Palavra, para que, firme na concórdia e entusiasta na missão, caminhe, como outrora os israelitas no deserto, à sombra da nuvem e à luz da chama de Deus (cf. Ex 13, 21).

A esse respeito, gostaria que hoje renovássemos juntos a nossa plena adesão a este caminho, que a Igreja universal percorre há décadas na esteira do Concílio Vaticano II. O Papa Francisco recordou e atualizou magistralmente os seus conteúdos na Exortação Apostólica *Evangelii gaudium*, da qual gostaria de sublinhar alguns pontos fundamentais: o regresso ao primado de Cristo no anúncio (cf. n. 11); a conversão missionária de toda a comunidade cristã (cf. n. 9); o crescimento na colegialidade e na sinodalidade (cf. n. 33); a atenção ao *sensus fidei* (cf. nn. 119-120), especialmente nas suas formas mais próprias e inclusivas, como a piedade popular (cf. n. 123); o cuidado amoroso com os marginalizados e os excluídos (cf. n. 53); o diálogo corajoso e confiante com o mundo contemporâneo nas suas várias componentes e realidades (cf. n. 84; Concílio Vaticano II, Const. past. *Gaudium et spes*, nn. 1-2).

São princípios do Evangelho que sempre animaram e inspiraram a vida e o agir da Família de Deus, valores através dos quais o rosto misericordioso do Pai se revelou e continua a revelar-se no Filho feito homem, última esperança de quem procura com sinceridade a verdade, a justiça, a paz e a fraternidade (cf. Bento XVI, Cart. enc. *Spe salvi*, n. 2; Francisco, Bula *Spes non confundit*, n. 3).

Justamente por me sentir chamado a seguir nessa linha, pensei em adotar o nome de Leão XIV. Na verdade, são várias as razões, mas a principal é porque o Papa Leão XIII, com a histórica encíclica *Rerum novarum*, abordou a questão social no contexto da primeira grande revolução industrial; e, hoje, a Igreja oferece a todos a riqueza de sua doutrina social para responder a outra revolução industrial e aos desenvolvimentos da inteligência artificial, que trazem novos desafios para a defesa da dignidade humana, da justiça e do trabalho.

Queridos irmãos, gostaria de concluir esta primeira parte do nosso encontro fazendo meu — e propondo-o também a vós — o desejo que São Paulo VI, em 1963, colocou no início do seu ministério petrino: "Passe pelo mundo inteiro, como uma grande chama de fé e de amor que inflame todos os homens de boa vontade, ilumine os caminhos da colaboração recíproca e atraia sobre a humanidade, agora e sempre, a abundância das divinas complacências, a própria força de Deus, sem a ajuda de quem nada é válido, nada é santo." (Mensagem à família humana *Qui fausto die*, 22 de junho de 1963.)

Leão XIV
Vaticano, 10 de maio de 2025

Conclusão

Eleito e aclamado na Praça de São Pedro, o 267º papa da Igreja Católica é acolhido com benevolência tanto pelos fiéis quanto pelo resto do planeta, mas a Igreja nunca esteve tão atravessada por correntes contraditórias e questões urgentes. Chefe do menor Estado do mundo (44 hectares), mas à frente de um povo de mais de 1,4 bilhão de fiéis, ele inicia seu pontificado justamente num momento em que a sociedade passa por uma crise sem precedentes.

No coração da Igreja, a mobilização dos fiéis é uma das prioridades — ao menos para o velho continente e os países do Norte, onde a prática religiosa está em colapso. Na França, o aumento espetacular de batismos de adultos celebrados durante a Vigília Pascal de abril de 2025 demonstra que a Igreja ainda tem algo a dizer a gerações muitas vezes desnorteadas, que buscam um sentido para suas vidas.

Preservar a unidade, após os debates certamente intensos do conclave e diante da expressão cada vez mais nítida de correntes opostas dentro da Igreja, exigirá toda a atenção do pontífice. Como conciliar conservadores e reformistas, quando também há tensões entre o Norte e o Sul, entre os que defendem a missão e os que promovem a presença no mundo, entre os fiéis à pompa de Roma e os últimos militantes da Igreja do *enfouissement*?

CONCLUSÃO

Ninguém sabe de quanto tempo o bispo de Roma disporá para enfrentar os múltiplos desafios de seu pontificado. Diante de João Paulo I — que foi papa por apenas 33 dias — a João Paulo II — cujo reinado durou mais de 26 anos —, e considerando que João XXIII e Francisco foram vistos como papas de transição, quem poderá dizer a duração do pontificado deste sucessor de Pedro?

Textos oficiais, viagens, audiências, nomeações e exposição midiática... A carga pontifícia é pesada. Sua missão, porém, começa em tempos favoráveis. Como um sinal, o pontificado do novo bispo de Roma tem início no Tempo Pascal e no coração de um Ano Santo, o Ano Jubilar da Esperança.

Cronologia

14 de setembro de 1955: nasce Robert Francis Prevost em Chicago, nos Estados Unidos.

1977: ingressa no noviciado da Ordem de Santo Agostinho (O.S.A.).

29 de agosto de 1981: faz seus votos solenes.

1982: estuda Direito Canônico na Universidade Pontifícia Santo Tomás de Aquino (Angelicum).

19 de junho de 1982: entra para a ordenação presbiterial em Roma.

1985-1986: parte para a missão em Chulucanas, Piura (Peru).

1987: defende sua tese de doutorado sobre "O papel do prior local na Ordem de Santo Agostinho".

1987: é nomeado diretor das vocações e das missões da província agostiniana de Olympia Fields, em Illinois, nos Estados Unidos.

1988: parte para sua missão em Trujillo; é nomeado diretor de formação, prior da comunidade (1988-1992) e mestre dos professos (1992-1998).

1999: é eleito prior provincial da província "Mãe do Bom Conselho".

2001: é eleito prior geral da Ordem de Santo Agostinho por dois mandatos, em Chicago, nos Estados Unidos.

Outubro de 2013: exerce as funções de docente e vigário provincial.

3 de novembro de 2014: é nomeado administrador apostólico da diocese de Chiclayo, no Peru.

12 de dezembro de 2014: entra para a ordenação episcopal, na festa de Nossa Senhora de Guadalupe.

26 de novembro de 2015: é nomeado bispo de Chiclayo.

CRONOLOGIA

Março de 2018: é eleito vice-presidente da Conferência Episcopal Peruana.

30 de janeiro de 2023: é nomeado prefeito do dicastério para os bispos e presidente da Comissão Pontifícia para a América Latina.

30 de setembro de 2023: é Criado cardeal pelo Papa Francisco.

8 de maio de 2025: é eleito papa e adota o nome de Leão XIV.

Bibliografia

Bernard Lecomte, *Dictionnaire amoureux des papes*. Paris: Plon, 2016.

_____., *Histoire des papes de 1789 à nos jours*. Paris: Tempus, 2013.

_____., *Tous les secrets du Vatican*. Paris: Perrin, 2019.

Christophe Henning, *Petite vie de Jean-Paul Ier*. Perpignan: Artège, 2021.

_____., *Petite vie de Jean-Paul II*. Paris: DDB, 2005.

_____., *Petite vie de Paul VI*. Paris: DDB, 2014.

Francisco, *Espère*. Paris: Albin Michel, 2025.

Frédéric Mounier, *Le pape qui voulait changer l'Église*. Paris: Presses du Châtelet, 2021.

Loup Besmond de Senneville, *Vatican secret. Quatre années au cœur du plus petit État du monde*. Paris: Stock, 2025.

Michel Cool, *François, l'anticonformiste, 1936-2025*. Paris: Emmanuel/Salvator, 2025.

_____., *François. Pape du Nouveau Monde*. Paris: Salvator/Yves Briend, 2013.

Yves Chiron, *Les dix conclaves qui ont marqué l'histoire*. Paris: Perrin, 2024.

Páginas eletrônicas

www.vaticannews.va — serviço de imprensa do Vaticano.

www.vatican.va — página oficial do Vaticano.

https://legrandcontinent.eu — site do Groupe d'Études Géopolitiques.

www.la-croix.com — site do jornal *La Croix*.

Direção editorial
Daniele Cajueiro

Editor responsável
Hugo Langone

Produção editorial
Adriana Torres
Mariana Lucena
Allex Machado

Revisão de tradução
Luisa Tieppo

Revisão
Kamila Wozniak

Projeto gráfico
Larissa Fernandez

Diagramação
Filigrana

Este livro foi impresso em 2025, pela Vozes, para a Petra. O papel do miolo é Avena 80mg/m², do caderno de fotos é cuchê fosco 90g/m² e o da capa é cartão 250g/m².